LAROUSSE DE POCHE
Voyages

ESPAGNOL

*guide de conversation
et dictionnaire*

© 1990 HarperCollins *Publishers*
© 1991 Larousse
pour l'édition française
© 1995 Larousse
pour la présente édition
ISBN 2-03-403516-X

INTRODUCTION

Votre guide de conversation Larousse de Poche *Voyages* est un ouvrage pratique et facile à consulter qui vous aidera tout au long de votre séjour à l'étranger. Sa mise en pages claire et son organisation alphabétique vous permettront d'accéder rapidement à l'information recherchée, qu'il s'agisse de vous faire comprendre par un mot ou une phrase, ou de déchiffrer un écriteau ou un menu.

Le guide comprend deux grandes parties :

- 70 thèmes pratiques présentés dans l'ordre alphabétique tels que **ACHATS**, **HÉBERGEMENT**, **RESTAURANT**, **SERVICE D'ÉTAGE** ou **TRANSPORTS**. Sous chaque thème vous trouverez les phrases indispensables pour communiquer en espagnol, ainsi qu'une prononciation conçue pour être accessible à chacun, quel que soit son niveau de connaissance de la langue espagnole. Vous remarquerez également sous de nombreux thèmes la présence d'une rubrique intitulée 'Mémo', qui rassemble des informations et/ou des conseils pratiques, une aide précieuse avant votre départ comme durant votre voyage.

Si vous avez trouvé la phrase dont vous avez besoin mais qu'il vous manque un mot, reportez-vous au dernier thème, c'est le **VOCABULAIRE** : plus de 1800 mots – avec leur équivalent en espagnol – sont là pour répondre aux besoins spécifiques du voyageur.

- Un lexique espagnol-français de 4000 mots. Grâce à lui, les panneaux de signalisation, pancartes, menus de restaurant et autres obstacles apparemment infranchissables, mais fréquents, ne seront plus qu'un jeu d'enfant pour vous. En bref, ce mini-dictionnaire vous fera apprécier pleinement la cuisine locale, gagner du temps si vous cherchez votre chemin, et, d'une manière générale, vous aidera en toutes circonstances.

Préparez-vous dès maintenant en jetant un œil sur la **GRAMMAIRE**, l'**ALPHABET** et la **PRONONCIATION** (voir la **LISTE DES THÈMES** page suivante).

¡Buen viaje!

LISTE DES THÈMES

Accidents – blessures
Accidents – voitures
Achats
Aéroport
Affaires
Agence de voyages
➤ **Alphabet p. 11**
Argent
Bagages
Boissons
Bureau de poste
Bus
Cadeaux et souvenirs
Camping
Cartes et guides
Chiffres
Coiffeur
Conversation
Coordonnées
Courses
Date et calendrier
Dentiste
Directions
Distractions
Douane et passeport
Enfants
Excursions
Ferry
Fumer
Gare
➤ **Grammaire p. 36**
Hébergement
Heure
à l'Hôtel
Informations routières
Jours fériés
Location – logement

Location – voiture
Médecin
Menus
Mesures
Météo
Nettoyage
Pannes
Payer
Pharmacie
Photographie
Plage
Police
Pourboire
Problèmes
➤ **Prononciation p. 64**
Questions
Réclamations
Religion
Réparations
Restaurant
en Route
Salutations
Service d'étage
Sortir le soir
Sports
Sports d'hiver
Sports nautiques
Station-service
Taxis
Téléphone
Toilettes
Tourisme
Train
Transports urbains
Urgences
Vêtements
Vins et alcools

ACCIDENTS – BLESSURES

Mémo

Il existe deux numéros pour appeler la police en cas d'urgence : le 091 pour la Policía Nacional et le 092 pour la Policía Municipal. Si vous avez besoin d'une ambulance, appelez la police, elle vous dira où téléphoner. Le service des ambulances est un service privé. Les postes de premiers secours sont fréquents sur la plupart des routes principales et signalés par le panonceau Cruz Roja (Croix-Rouge), ou 1os Auxilios (premiers secours) ou enfin Puesto de Socorro (poste de premiers secours). Avant de partir, il est souhaitable que vous vous renseigniez auprès de la Sécurité sociale et de votre mutuelle sur les formulaires à emporter.

Il y a eu un accident	**Ha habido un accidente** *a abido oun akSidennté*
Appelez une ambulance/un médecin	**Llame a una ambulancia/a un médico** *lyamé a ouna ammboulannSia/a oun médiko*
Elle s'est fait mal	**Se ha hecho daño** *sé a étcho dagno*
Il est gravement blessé	**Está gravemente herido** *ésta gRabémennté éRido*
Il saigne	**Está sangrando** *ésta sanngRanndo*
Elle ne peut pas respirer/bouger	**No puede respirar/moverse** *no pouédé RRéspiRaR/mobéRsé*
Je ne peux pas bouger le bras/la jambe	**No puedo mover el brazo/la pierna** *no pouédo mobéR él bRaSo/la piéRna*
Couvrez-la	**Cúbrale** *koubRale*
Ne le bougez pas	**No le mueva** *no lé mouéba*

Voir aussi **URGENCES**

ACCIDENTS – VOITURES

Mémo

Si quelqu'un est blessé, vous devez appeler la police immédiatement. Sinon, prenez les références de l'assurance de l'autre partie et notez le numéro d'immatriculation de son véhicule. La nouvelle législation en vigueur permet à la police d'exiger le paiement immédiat des amendes. Il est obligatoire d'avoir dans sa voiture un triangle de sécurité qu'on doit utiliser en cas d'accident ou de panne.

Il y a eu un accident	**Ha habido un accidente** *a a**bi**do oun ak**Si****denn**té*
J'ai eu un accident	**He chocado** *é tcho**ka**do*
Puis-je voir votre carte d'assurance, s'il vous plaît?	**¿Me enseña el seguro de su coche, por favor?** *mé en**sé**gna él **sé**gouro dé sou **ko**tché poR fa**boR***
Il va falloir prévenir la police	**Tendremos que dar parte a la policía** *tén**dR**émoss ké daR **paR**té a la poli**Si**-a*
C'est lui qui m'a heurté	**Se me echó encima** *sé mé é**tcho** enn**Si**ma*
Elle roulait trop vite	**Ella iba demasiado de prisa** *élya **i**ba démassiado dé **pRi**ssa*
Il roulait trop près	**El venía demasiado cerca** *él bé**ni**-a démassiado **SéR**ka*
Elle n'a pas respecté la priorité	**No cedió el paso** *no **Sédi**o él **pa**sso*
Le numéro d'immatriculation était…	**La matrícula del coche era…** *la ma**tri**koula dél **ko**tché **é**Ra…*

ACHATS

Mémo

Méfiez-vous des vendeurs qui vous abordent dans la rue, à un feu rouge ou sur la plage. Les produits qu'ils proposent sont souvent vendus à un prix beaucoup plus élevé que dans les magasins. Néanmoins, si vous souhaitez leur acheter quelque chose, ils s'attendront à ce que vous marchandiez.

Vendez-vous des timbres/des cartes postales/du lait?	**¿Venden sellos/postales/leche?** *benn*denn *sé*lyoss/poss*ta*léss/*lé*tché
C'est combien?	**¿Cuánto es esto?** kou*ann*to éss *es*to
Avez-vous quelque chose de plus petit?	**¿Tiene otro más pequeño?** ti*é*né *ot*Ro mass pé***ké***gno
Avez-vous quelque chose de plus grand?	**¿Tiene otro más grande?** ti*é*né *ot*Ro mass **gR**ann*d*é
Avez-vous du pain/des allumettes?	**¿Tiene pan/cerillas?** ti*é*né pann/Sé**R**ilyass
Je voudrais un journal/des pommes	**Quisiera un periódico/unas manzanas** kissi*é*Ra oun pé**R**i*o*diko/*ou*nass mann**Sa**nass
Je voudrais voir celui qui est en vitrine	**Quisiera ver el del escaparate** kissi*é*Ra beR él del éskapa**R**até
Je prends celui-ci/celui-là	**Me llevo éste/ése de ahí** mé **ly***é*bo *és*té/*és*sé dé a-i
Je préfère celui-ci	**Prefiero éste** p**R**éfi*é*Ro *és*té
Pouvez-vous me l'envelopper, s'il vous plaît?	**¿Podría envolvérmelo, por favor?** pod**R**i-a ennbol**bé**Rmélo poR fa**bo**R

Voir aussi **COURSES, PAYER**

AÉROPORT

Où a lieu l'enregistrement pour le vol de Paris?	**¿Dónde tengo que facturar para el vuelo de París?** *donndé tenngo ké faktouRaR paRa él bouélo dépaRiss*
Je voudrais une place côté couloir/côté fenêtre	**Quisiera un asiento al lado del pasillo/de la ventanilla** *kissiéRa oun assiennto al lado del passilyo/dé la béntanilya*
Est-ce qu'on sert un repas dans l'avion?	**¿Servirán una comida en el avión?** *sérbiRann ouna komida enn él abionn*
Où est la cafétéria/la boutique hors taxes?	**¿Dónde está la cafetería/la tienda libre de impuestos?** *donndé ésta la cafétéRi-a/la tiennda libRé dé immpouésstoss*
Où puis-je changer de l'argent?	**¿Dónde puedo cambiar dinero?** *donndé pouédo kammbiaR dinéRo*
Où prend-on le bus pour aller en ville?	**¿Dónde se coge el autobús para ir al centro?** *donndé sé koHé él a-outobouss paRa iR al SenntRo*
Où sont les taxis/les téléphones?	**¿Dónde están los taxis/los teléfonos?** *donndé éstann loss taxiss/loss téléfonoss*
Je voudrais louer une voiture	**Quisiera alquilar un coche** *kissiéRa alkilaR oun kotché*
Je voudrais réserver une chambre d'hôtel	**Quisiera reservar una habitación en un hotel** *kissiéRa RRéssérbaR ouna abitaSionn enn oun otel*
On doit venir me chercher	**Vienen a recogerme** *biénenn a RRékoHéRmé*

AFFAIRES

Mémo

Les services publics sont généralement ouverts de 9h00 à 14h00. Les bureaux ouvrent de 9h00 à 13h00 ou 14h00 et de 16h00 ou 17h00 à 19h00 ou 20h00. Les banques sont ouvertes de 9h00 à 14h00 du lundi au vendredi et de 9h00 à 12h00 le samedi sauf en été, où elles sont fermées le samedi.

J'ai rendez-vous avec…	**Tengo una cita con…** *tenngo ouna Sita konn…*
Il m'attend	**Me está esperando** *mé ésta éspéRanndo*
Puis-je laisser un message à sa secrétaire?	**¿Puedo dejar un recado a su secretaria?** *pouédo déHaR oun RRékado a sou sékRétaRia*
Je suis libre demain matin	**Estoy libre mañana por la mañana** *éstoï libRé magnana poR la magnana*
Je vous enverrai plus de détails/un échantillon	**Le mandaré más detalles/una muestra** *lé manndaRé mass détalyéss/ouna mouéstRa*
Puis-je envoyer un télex/un fax d'ici?	**¿Puedo mandar un telex/un fax desde aquí?** *pouédo manndaR oun télex/oun fax désdé aki*
Je vais à la foire	**Voy a la feria de muestras** *boï a la féRia dé mouéstRass*
Je voudrais envoyer ceci par coursier	**Quiero enviar esto por mensajero** *kiéRo énnbi-aR ésto poR mennsaHéRo*
Avez-vous un catalogue/quelques brochures?	**¿Tiene algún catálogo/algunos folletos?** *tiéné algoun katalogo/algounoss folyétoss*

AGENCE DE VOYAGES

Quelle est la meilleure façon de se rendre à… ?	**¿Cuál es la mejor manera de ir a… ?** *koual éss la méHoR manéRa dé iR a…*
Combien coûte un billet d'avion pour… ?	**¿Cuánto cuesta el billete de avión a… ?** *kouannto kouésta él bilyété de abionn a…*
Y a-t-il des tarifs spéciaux?	**¿Hay tarifas especiales?** *aïe taRifass ésspéSialéss*
Quels sont les horaires des trains/des vols?	**¿Cuál es el horario de los trenes/de los vuelos?** *koual éss él oRaRio dé loss tRénéss/dé loss bouéloss*
Puis-je acheter les billets ici?	**¿Puedo comprar los billetes aquí?** *pouédo kommpRaR loss bilyétéss aki*
Puis-je changer ma réservation?	**¿Puedo cambiar mi reserva?** *pouédo kammbiaR mi RRésséRba*
Pouvez-vous me réserver une place sur le vol de Paris?	**¿Puede reservarme un asiento en el vuelo de París?** *pouédé RRésséRbaRmé oun assiennto én él bouélo dé paRiss*
Je voudrais rentrer à Lyon ce soir	**Quiero volver a Lión esta noche** *kiéRo bolbéR a lionn ésta notché*
Deux billets aller et retour en deuxième classe pour… , s'il vous plait	**Dos billetes de segunda a… , de ida y vuelta, por favor** *doss bilyétéss dé ségounnda a… dé ida i bouélta poR fabor*
Pouvez-vous me réserver une chambre à l'hôtel?	**¿Podría reservarme hotel?** *podRi-a RRésséRbaRmé otél*

ALPHABET

L'alphabet espagnol est le même que l'alphabet français auquel viennent s'ajouter les lettres **ch**, **ll** et **ñ**. Nous avons indiqué la prononciation de chaque lettre ainsi que le mot utilisé habituellement pour épeler.

A *a*	de dé	**Almería** *alméRi-a*	**N** *éné*	de dé	**Navarra** *nabaRRa*
B *bé*	comme	**Barcelona** *baRSélona*	**Ñ** *égné*		**Ñoqui** *gnoki*
C *Sé*		**Cádiz** *kadiS*	**O** *o*		**Oviedo** *obiédo*
CH *tché*		**Chocolate** *tchokolaté*	**P** *pé*		**Palencia** *palénnSia*
D *dé*		**Duero** *douéRo*	**Q** *cou*		**Quito** *kito*
E *é*		**Ebro** *ébRo*	**R** *éRRé*		**Rosario** *RRossaRio*
F *éfé*		**Felisa** *félissa*	**S** *éssé*		**Sevilla** *sébilya*
G *Hé*		**Gerona** *HéRona*	**T** *té*		**Teruel** *téRouél*
H *atché*		**Huelva** *ouélba*	**U** *ou*		**Ulises** *oulisséss*
I *i*		**Inés** *inéss*	**V** *oubé*		**Valencia** *balénnSia*
J *Hota*		**José** *Hosé*	**W** *oubé doblé*		**Washington** *washinntonn*
K *ka*		**Kilo** *kilo*	**X** *ékiss*		**Xiquena** *ksikéna*
L *élé*		**Lérida** *léRida*	**Y** *igRiéga*		**Yucatán** *youkatann*
LL *élyé*		**Llobregat** *lyobRégat*	**Z** *séta*		**Zaragoza** *SaRagoSa*
M *émé*		**Madrid** *madRid*			

ARGENT

Mémo

*La devise espagnole est la peseta. Il existe des pièces de 1, 5, 10, 25, 50, 100 et 500 ptas et des billets de 100, 200, 500, 1000, 2000, 5000 et 10 000 ptas. Pour les heures d'ouverture des banques, référez-vous à la page **AFFAIRES**. Il est préférable de changer son argent à la banque car les commissions y sont moins élevées qu'ailleurs. Assurez-vous que vous avez votre passeport ou votre carte d'identité lorsque vous changez de l'argent. Dans certaines banques, vous ferez vos opérations de transaction à un guichet et vous aurez à retirer l'argent à la caisse – la caja.*

Je n'ai pas assez d'argent	**No tengo suficiente dinero** *no **ten**ngo soufiSien**n**té di**né**Ro*
Est-ce que vous faites le change?	**¿Tiene cambio?** *tiéné **kamm**bio*
Je voudrais changer ces chèques de voyage	**Quisiera cambiar estos cheques de viaje** *kissi**é**Ra kammbia**R** **és**toss **tché**késs dé bia**H**é*
Je voudrais changer des francs en pesetas	**Quiero cambiar francos en pesetas** *ki**é**Ro kammbia**R** f**Rann**koss én p**éssé**tass*
Quel est le cours du franc/du dollar?	**¿A cómo está el franco/el dólar?** *a **ko**mo **és**ta él f**Rann**ko/él **do**laR*
Puis-je obtenir du liquide avec ma carte de crédit?	**¿Puedo obtener dinero en efectivo con mi tarjeta de crédito?** *pou**é**do obté**né**R di**né**Ro én éf**ék**tibo konn mi taR**H**éta dé **kR**édito*
Je voudrais encaisser un chèque avec la carte Eurochèque	**Quisiera hacer efectivo un cheque con la tarjeta de Eurocheque** *kissi**é**Ra a**Sé**R éf**ék**tibo oun **tché**ké konn la taR**H**éta dé éouRo**tché**ké*

BAGAGES

Mémo

La plupart des gares, des gares routières et les aéroports ont une consigne – consigna. Vous trouverez des porteurs dans les gares et dans les aéroports (mais pas dans les gares routières). Il n'y a pas de prix fixe pour leurs services mais leur rémunération doit se monter à au moins 100 pesetas.

Où puis-je faire enregistrer mes bagages?	**¿Dónde tengo que facturar el equipaje?** *donndé tenngo ké faktouRaR él ékipaHé*
Où sont les bagages du vol en provenance de Paris?	**¿Dónde está el equipaje del vuelo de París?** *donndé ésta él ékipaHé dél bouélo dé paRiss*
Où sont les bagages du train en provenance de Paris?	**¿Dónde está el equipaje del tren de París?** *donndé ésta él ékipaHé dél tRénn dé paRiss*
Nos bagages ne sont pas arrivés	**Nuestro equipaje no ha llegado** *nouéstRo ékipaHé no a lyégado*
Ma valise a été abîmée pendant le voyage	**Se me ha estropeado la maleta en el viaje** *sé mé a éstRopéado la maléta én él biaHé*
Où est la consigne?	**¿Dónde está la consigna?** *donndé ésta la konnsig-na*
Y a-t-il des chariots à bagages?	**¿Hay carritos para el equipaje?** *aïe kaRRitoss paRa él ékipaHé*
Pouvez-vous m'aider à porter mes valises?	**¿Puede ayudarme a llevar mis maletas?** *pouédé ayoudaRmé a lyébaR miss malétass*
J'ai envoyé mes bagages en avance	**He mandado el equipaje por adelantado** *é manndado él ékipaHé poR adélanntado*

BOISSONS

Mémo

Dans certains endroits, des tapas *(amuse-gueule) sont servies automatiquement avec les consommations, mais c'est de moins en moins fréquent. Si vous voulez grignoter quelque chose, cherchez la carte des* raciones. *Ce sont de petites portions de viande, de poisson, etc. Le café est servi noir –* solo *–, au lait –* con leche *– ou avec du lait en proportion décroissante –* corto/cortado/manchado.

Un café noir/Un café au lait, s'il vous plaît	**Un café solo/Un café con leche, por favor** *oun kafé solo/oun kafé konn létché poR faboR*
Deux thés/chocolats	**Dos tés/chocolates** *doss téss/tchokolatéss*
Cinq bières/Trois vermouths	**Cinco cervezas/Tres vermús** *Sinnco SéRbéSass/tRéss béRmouss*
Un soda citron/ Une orangeade	**Un refresco de limón/Una naranjada** *oun RéfRessko dé limonn/ouna naRannHada*
Un jus d'orange/de pomme/de raisin, s'il vous plaît	**Un zumo de naranja/de manzana/ de uva, por favor** *oun Soumo dé naRannHa/dé mannSana/ dé ouba poR faboR*
Une bouteille d'eau minérale	**Una botella de agua mineral** *ouna botélya dé agoua minéRal*
Avez-vous… ?	**¿Tienen… ?** *tiénenn…*
Un autre café, s'il vous plaît	**Otro café, por favor** *otRo kafé poR faboR*
Avec des glaçons, s'il vous plaît	**Con hielo, por favor** *konn iélo poR faboR*

Voir aussi **VINS ET ALCOOLS**

BUREAU DE POSTE

Mémo

Si vous voulez des timbres, le plus simple est de les acheter dans un bureau de tabac – estanco – comme en France. Les lettres urgentes s'envoient du guichet urgente. On ne peut pas téléphoner de la poste.

Quel est le tarif des lettres pour la France/ le Canada?	**¿Qué franqueo llevan las cartas para Francia/Canadá?** *ké fRannkéo lyébann lass kaRtass paRa fRannSia/kanada*
Je voudrais six timbres pour des cartes postales pour la France	**Quisiera seis sellos para enviar postales a Francia** *kissiéRa séiss sélyoss paRa ennbiaR postalèss a fRannSia*
Douze timbres au tarif normal, s'il vous plaît	**Doce sellos (tarifa normal), por favor** *doSé sélyoss (taRifa noRmal) poR faboR*
Je voudrais envoyer un télégramme à…	**Quisiera mandar un telegrama a…** *kissiéRa manndaR oun télégRama a…*
Quand arrivera-t-il?	**¿Cuándo llegará?** *kouanndo lyégaRa*
Je voudrais envoyer ce colis	**Quisiera enviar este paquete** *kissiéRa ennbi-aR ésté pakété*
Combien cela va-t-il coûter?	**¿Cuánto va a costar?** *kouannto ba a kostaR*
Je voudrais retirer de l'argent de mon compte de…	**Quisiera sacar dinero de mi cuenta de…** *kissiéRa sakaR dinéRo dé mi kouennta de…*

BUS

Y a-t-il un bus pour… ?	**¿Hay algún autobús para… ?** *aïe al**goun** a-outo**bouss** pa**R**a…*
Quel est le bus qui va à… ?	**¿Qué autobús va a… ?** *ké a-outo**bouss** ba a…*
D'où part le bus pour… ?	**¿Dónde se coge el autobús para… ?** ***donn**dé sé **ko**Hé él a-outo**bouss** pa**R**a…*
À quelle heure partent les bus pour… ?	**¿A qué hora salen los autobuses para… ?** *a ké **o**Ra sa**lénn** loss a-outo**bou**sséss **pa**Ra…*
Est-ce que ce bus va à… ?	**¿Va este autobús a… ?** *ba **és**té a-outo**bouss** a…*
Où dois-je descendre?	**¿Dónde tengo que bajarme?** ***donn**dé **tenn**go ké ba**Ha**Rmé*
Y a-t-il des toilettes dans le car?	**¿Hay servicios en el autocar?** *aïe sé**R**bi**Si**oss én él a-outo**kaR***
À quelle heure le car part-il?	**¿A qué hora sale el autocar?** *a ké **o**Ra **sa**lé él a-outo**kaR***
À quelle heure le car arrive-t-il?	**¿A qué hora llega el autocar?** *a ké **o**Ra l**yé**ga él a-outo**kaR***
Y a-t-il un service nocturne pour… ?	**¿Hay un servicio nocturno para… ?** *aïe oun sé**R**bi**Si**o nok**tou**Rno para…*
Je descends ici	**Déjeme aquí** ***dé**Hémé a**ki***

Voir aussi **TRANSPORTS URBAINS**

CADEAUX ET SOUVENIRS

Où pouvons-nous acheter des souvenirs de la cathédrale?
¿Dónde podemos comprar recuerdos de la catedral?
donndé podémoss kommpRaR RRékouéRdoss dé la katédRal

Où est le magasin de cadeaux le plus proche?
¿Dónde queda la tienda de regalos más próxima?
donndé kéda la tiennda dé RRégaloss mass proksima

Je voudrais acheter un cadeau pour mon mari/ma femme
Quisiera comprar un regalo para mi marido/mi mujer
kissiéRa kommpRaR oun RRégalo paRa mi marido/mi mouHéR

Qu'est-ce qui est typique d'ici/de la région?
¿Qué es lo típico de aquí/de la región?
ké éss lo tipiko dé aki/dé la RRéHionn

Est-ce fait main?
¿Está hecho a mano?
ésta étcho a mano

Avez-vous quelque chose pour un jeune enfant?
¿Tiene algo para un niño pequeño?
tiéné algo paRa oun nigno pékégno

Je voudrais quelque chose de moins cher?
Quisiera algo más barato
kissiéRa algo mass baRato

Je voudrais quelque chose de plus cher
Quisiera algo más caro
kissiéRa algo mass kaRo

Pouvez-vous me l'envelopper, s'il vous plaît?
¿Podría envolvérmelo, por favor?
podRi-a ennbolbéRmélo poR faboR

Avez-vous des broderies/des dentelles/de la céramique?
¿Tienen bordados/encajes/cerámicas?
tiénén boRdadoss/énkaHéss/SéRamicass

CAMPING

Mémo

L'Espagne compte de très nombreux campings qui possèdent une autorisation officielle. Le camping sauvage est strictement interdit. Il existe quatre catégories de campings et même les plus simples sont souvent assez bien équipés.

Nous cherchons un camping	**Estamos buscando un camping** *éstamoss bouskanndo oun kammpinn*
Est-ce que vous avez de la place?	**¿Tienen sitio?** *tiénenn sitio*
C'est combien pour une nuit?	**¿Cuál es la tarifa por noche?** *koual éss la taRifa poR notché*
Nous voulons rester une nuit	**Queremos quedarnos una noche** *kéRémoss kédaRnoss ouna notché*
Pouvons-nous camper ici?	**¿Podemos acampar aquí?** *podémoss akammpaR aki*
Pouvons-nous installer notre caravane ici?	**¿Podemos aparcar la caravana aquí?** *podémoss apaRkaR la kaRabana aki*
Y a-t-il un magasin?	**¿Hay alguna tienda?** *aïe algouna tiennda*
Y a-t-il un restaurant?	**¿Hay algún restaurante?** *aïe algoun RRéstaouRannté*
Où sont les toilettes?	**¿Dónde están los lavabos?** *donndé éstann loss lababoss*
Où y a-t-il de l'eau potable?	**¿Dónde hay agua potable?** *donndé aïe agoua potablé*
Quels équipements le camping possède-t-il?	**¿Qué servicios tienen en el camping?** *ké séRbiSioss tiénenn én él kammpinn*

CARTES ET GUIDES

Où puis-je acheter une carte de la région?	**¿Dónde puedo comprar un mapa de la región?** *donndé pouédo kommpRaR oun mapa de la RRéHionn*
Avez-vous un plan de la ville?	**¿Tiene un plano de la ciudad?** *tiéné oun plano dé la Si-oudad*
Je voudrais un répertoire des rues de la ville	**Quisiera un plano callejero** *kissiéRa oun plano kalyéHéRo*
J'ai besoin d'une carte routière de…	**Necesito un mapa de carreteras de…** *néSéssito oun mapa dé kaRRétéRass dé…*
Peut-on acheter des cartes à l'office de tourisme?	**¿Se pueden comprar mapas en la oficina de turismo?** *sé pouédenn kommpRaR mapass én la ofiSina dé touRismo*
Pouvez-vous me le montrer sur la carte, s'il vous plaît?	**¿Puede indicármelo en el mapa, por favor?** *pouédé inndikaRmélo én él mapa poR faboR*
Avez-vous un guide touristique en français?	**¿Tiene alguna guía turística en francés?** *tiéné algouna gui-a touRistika én fRannSéss*
Avez-vous un guide de la cathédrale?	**¿Tiene alguna guía de la catedral?** *tiéné algouna gui-a dé la katédRal*
Je voudrais une carte topographique	**Quiero un mapa topográfico** *kiéRo oun mapa topogRafico*

Voir aussi **DIRECTIONS**

CHIFFRES

0	cero *SéRo*	13	trece *tRéSé*	50	cincuenta *Sinnkouénnta*
1	uno *ouno*	14	catorce *katoRSé*	60	sesenta *séssénnta*
2	dos *doss*	15	quince *kinnSé*	70	setenta *séténnta*
3	tres *tRéss*	16	dieciséis *diéSisséiss*	80	ochenta *otchénnta*
4	cuatro *kouatRo*	17	diecisiete *diéSissiété*	90	noventa *nobénnta*
5	cinco *Sinnko*	18	dieciocho *diéSiotcho*	100	cien *Siénn*
6	seis *séiss*	19	diecinueve *diéSinouébé*	110	ciento diez *Siénnto diéS*
7	siete *siété*	20	veinte *béinnté*	200	doscientos *dosSiénntoss*
8	ocho *otcho*	21	veintiuno *béinntiouno*	300	trescientos *tRésSiénntoss*
9	nueve *nouébé*	22	veintidós *béinntidoss*	500	quinientos *kiniénntoss*
10	diez *diéS*	23	veintitrés *béinntitRéss*	1000	mil *mil*
11	once *onnSé*	30	treinta *tRéinnta*	2000	dos mil *doss mil*
12	doce *doSé*	40	cuarenta *kouaRénnta*	1 000 000	un millón *oun milyonn*

1er	primero *pRiméRo*	5e	quinto *kinnto*	9e	noveno *nobéno*
2e	segundo *ségoundo*	6e	sexto *séksto*	10e	décimo *déSimo*
3e	tercero *téRSéRo*	7e	séptimo *séptimo*		
4e	cuarto *kouaRto*	8e	octavo *oktabo*		

COIFFEUR

Je voudrais prendre rendez-vous	**Quisiera pedir hora** *kissiéRa pédiR ora*
Une coupe avec brushing, s'il vous plaît	**Corte y secado a mano, por favor** *koRté y sékado a mano poR faboR*
Un shampooing et une mise en plis	**Lavado y marcado** *labado y maRkado*
Je voudrais une coupe dégradée	**Quisiera un corte a capas** *kissiéRa oun koRté a kapass*
Ne coupez pas trop derrière/devant	**No me lo corte demasiado por detrás/por delante** *no mé lo koRté démassiado poR détRass/poR délannté*
Plus court dessus/sur les côtés	**Córtemelo más por arriba/por los lados** *koRtémélo mass poR aRRiba/poR loss ladoss*
C'est trop chaud/froid	**Está demasiado caliente/frío** *ésta démassiado kaliennté/fRi-o*
J'ai une permanente	**Tengo permanente** *tenngo péRmanennté*
J'ai une coloration	**Tengo el pelo teñido** *tenngo él pélo tégnido*
J'ai les cheveux frisés/raides	**Tengo el pelo rizado/liso** *tenngo él pélo RRiSado/lisso*
Je voudrais un après-shampooing, s'il vous plaît	**¿Me pone crema suavizante, por favor?** *mé poné kRéma souabiSannté, poR faboR*
Mettez-moi un peu de laque, s'il vous plaît	**¿Me pone laca, por favor?** *mé poné laka poR faboR*

CONVERSATION

Salut	**Hola** *ola*
Au revoir	**Adiós** *adi**oss***
Comment ça va?	**¿Qué tal?** *ké tal*
Parlez-vous français?	**¿Habla usted francés?** *a*bla ous**téd** fRann**Séss**
Je ne parle pas espagnol	**No hablo español** *no a*blo éspa**gnol**
Comment vous appelez-vous?	**¿Cómo se llama usted?** **ko**mo sé **lya**ma ous**téd**
Je m'appelle…	**Me llamo…** *mé **lya**mo…*
Je suis français/belge/suisse/canadien	**Soy francés/belga/suizo/canadiense** *soï frann**Séss**/**bél**ga/souï**So**/kanad**ienn**ssé*
Êtes-vous espagnol/sud-américain?	**¿Es usted español/suramericano?** *éss ous**téd** éspa**gnol**/souRamé**Ri**kano*
Voudriez-vous sortir avec moi ce soir?	**¿Quiere salir conmigo esta noche?** *ki**é**Ré sa**liR** konn**mi**go **és**ta **no**tché*
Oui, volontiers!	**Sí, con mucho gusto** *si konn **mou**tcho **gous**to*
Merci (beaucoup)	**(Muchas) gracias** *(**mou**tchass) **gRa**Siass*
Oui, s'il vous plaît	**Sí, por favor** *si poR fa**boR***
Non, merci	**No, gracias** *no **gRa**Siass*

CONVERSATION

Il n'y a pas de quoi	**No hay de qué** *no aïe dé ké*
Je vous en prie	**Se lo ruego** *sé lo RRouégo*
De rien	**De nada** *dé nada*
Je regrette	**Lo siento** *lo siennto*
Je suis ici en vacances	**Estoy aquí de vacaciones** *estoï aki dé bakaSionéss*
C'est mon premier voyage à…	**Es mi primer viaje a…** *éss mi pRiméR biaHé a…*
Est-ce que ça vous dérange si je fume?	**¿Le importa que fume?** *lé immpoRta ké foumé*
Désirez-vous boire quelque chose?	**¿Quiere beber algo?** *kiéRé bébéR algo*
Êtes-vous déjà allé en France?	**¿Ha estado alguna vez en Francia?** *a éstado algouna béS én fRannSia*
Ça vous a plu?	**¿Le gustó?** *le gousto*
De quelle région d'Espagne êtes-vous?	**¿De qué parte de España es usted?** *dé ké paRté dé éspagna éss oustéd*

COORDONNÉES

Je m'appelle... **Me llamo...**
mé **lya**mo...

Je suis né(e) le... **Mi fecha de nacimiento es el...**
mi **fé**tcha dé naSimi**enn**to éss él...

J'habite... **Mi dirección es...**
mi diRékSi**onn** éss...

Je suis français/belge/ **Soy francés/belga/suizo/canadiense**
suisse/canadien soï fRann**Séss**/**bél**ga/souï**So**/kanadi**enn**ssé

J'habite à... **Vivo en...**
bibo enn...

Je viens de... **Soy de...**
soï dé...

Le numéro de mon **El número de mi pasaporte/de mi carné**
passeport/de mon **de conducir es...**
permis de conduire él **nou**mé**Ro** dé mi passa**poR**té/dé mi ka**R**né
est... dé konndou**SiR** éss...

Mon groupe sanguin **Mi grupo sanguíneo es...**
est... mi **gRou**po sann**gui**néo éss...

Je travaille dans un **Trabajo en una oficina/una fábrica**
bureau/à l'usine t**R**a**ba**Ho én **ou**na ofi**Si**na/**ou**na **fa**b**R**ika

Je suis secrétaire/ **Soy secretaria/director**
directeur soï sékRé**ta**Ria/diRek**toR**

Je suis ici en **He venido de vacaciones**
vacances é bé**ni**do dé bakaSio**néss**

Je suis ici pour **He venido en viaje de negocios**
affaires é bé**ni**do én bia**H**é dé né**go**Sioss

Nous sommes quatre **Somos cuatro**
somoss kouat**R**o

COURSES

Mémo

Les magasins sont généralement ouverts de 9h ou 10h à 13h30 ou 14h et de 16h ou 17h à 19h30 ou 20h du lundi au vendredi. Les heures d'ouverture le samedi sont généralement de 9h à 14h mais cela dépend souvent de la région, de la période de l'année et du type de magasin. Les grands magasins ne ferment pas à l'heure du déjeuner et restent ouverts jusqu'à 21h ou 22h du lundi au samedi. Ne manquez pas les marchés, surtout près des zones touristiques, on y trouve souvent des choses intéressantes.

Où se trouve le centre commercial?	**¿Dónde está el centro comercial?** *donndé ésta él SenntRo koméRSial*
À quelle heure les magasins ferment-ils?	**¿A qué hora cierran las tiendas?** *a ké oRa SiéRRann lass tienndass*
Combien ça coûte?	**¿Cuánto cuesta esto?** *kouannto kouésta ésto*
C'est combien le kilo/le mètre?	**¿A cuánto es el kilo/el metro?** *a kouannto éss él kilo/él métRo*
Puis-je l'essayer?	**¿Puedo probármelo?** *pouédo probaRmélo*
Où se trouve le rayon chaussures/hommes?	**¿Dónde está la sección de zapatería/caballeros?** *donndé ésta la sékSionn de SapatéRi-a/kabalyéRoss*
Je cherche un cadeau pour ma femme/mon mari	**Busco un regalo para mi mujer/mi marido** *bousko oun RRégalo paRa mi muHéR/mi maRido*
Je regarde seulement	**Sólo estoy mirando** *solo éstoï miRanndo*

Voir aussi **ACHATS, PAYER**

DATE ET CALENDRIER

Quel jour sommes-nous?	¿Qué día es hoy?	ké **di**-a éss oï
Nous sommes le…	**Estamos a…**	éstamoss a…
1er mars	**primero de marzo**	pri**mé**Ro dé **maR**So
deux juin	**dos de junio**	doss dé **Hou**nio
Nous arriverons le 29 août	**Llegaremos el 29 de agosto**	lyéga**Ré**moss él béinntinou**é**bé dé **ago**ssto
1992	**mil novecientos noventa y dos**	mil nobéSi**énn**toss no**bénn**ta i doss
lundi	**lunes**	**lou**ness
mardi	**martes**	**maR**tess
mercredi	**miércoles**	mi**éR**koless
jeudi	**jueves**	Hou**é**bess
vendredi	**viernes**	bi**ér**ness
samedi	**sábado**	**sa**bado
dimanche	**domingo**	do**minn**go
janvier	**enero**	é**né**Ro
février	**febrero**	fé**bRé**Ro
mars	**marzo**	**maR**So
avril	**abril**	ab**Ril**
mai	**mayo**	**ma**yo
juin	**junio**	**Hou**nio
juillet	**julio**	**Hou**lio
août	**agosto**	a**go**ssto
septembre	**septiembre**	septi**emm**bRé
octobre	**octubre**	ok**toub**Ré
novembre	**noviembre**	nobi**emm**bRé
décembre	**diciembre**	diSi**emm**bRé

DENTISTE

Mémo

En cas d'urgence, allez voir un dentiste – dentista – ou allez dans un cabinet dentaire – clínica dental. En dehors des heures normales de consultation, vous pouvez aller au service des urgences – urgencias – de l'hôpital local. Les soins dentaires sont généralement bons et doivent être réglés sur-le-champ. Assurez-vous avant de partir auprès de la Sécurité sociale et de votre mutuelle que vous possédez bien tous les formulaires nécessaires à votre remboursement.

Je dois voir un dentiste (de toute urgence)	**Necesito ver (urgentemente) al dentista** *néSéssito béR (ouR**Henn**témennté) al dénntista*
J'ai mal aux dents	**Me duelen las muelas** *mé douélenn lass mouélass*
Je me suis cassé une dent	**Me he roto un diente** *mé é **RR**oto oun diennté*
J'ai un plombage qui est parti	**Se me ha caído un empaste** *sé mé a ka-ido oun emm**pas**té*
Mon appareil dentaire a besoin d'être réparé	**Necesito que me arregle la dentadura postiza** *néSéssito ké mé a**RR**églé la dénnta**dou**Ra postiSa*

LE DENTISTE PEUT VOUS DIRE :

Tendré que sacársela
tenndRé ké sakaRséla

Je dois vous l'arracher

Necesita un empaste
*néSéssita oun emm**pas**té*

Vous avez besoin d'un plombage

Esto puede que le duela un poco
*éssto pouédé ké lé douéla oun **po**ko*

Ça risque de vous faire un peu mal

DIRECTIONS

Mémo

*Pour attirer l'attention de quelqu'un, commencez votre question par 'Oiga, por favor' (**oï**ga poR fa**boR**).*

Où se trouve le bureau de poste le plus proche?	**¿Dónde queda la oficina de correos más cercana?** **donn**dé **ké**da la ofi**Si**na dé ko**RRé**oss mass **SéR**ka*na*
Comment va-t-on à l'aéroport?	**¿Cómo se va al aeropuerto?** **ko**mo sé ba al aéRopu**èR**to
Comment va-t-on à à la gare?	**¿Cómo se va a la estación?** **ko**mo sé ba a la ésta**Sionn**
Est-ce bien le chemin de la cathédrale?	**¿Se va por aquí a la catedral?** sé ba poR a**ki** a la katé**dRa**l
Est-ce loin à pied?	**¿Queda lejos para ir andando?** **ké**da **lé**Hoss **pa**ra iR ann**dann**do
Est-ce loin en voiture?	**¿Queda lejos para ir en coche?** **ké**da **lé**Hoss **pa**ra iR én **ko**tché
Est-ce la route qui mène à… ?	**¿Se va por aquí a… ?** sé ba poR a**ki** a…
Par où dois-je passer pour rejoindre l'autoroute?	**¿Por dónde debo ir para coger la autopista?** poR **donn**dé **dé**bo iR **pa**Ra ko**Hér** la a-outo**pis**ta
Je me suis perdu	**Me he perdido** mé é **péR**dido
Combien de temps met-on pour y arriver?	**¿Cuánto se tarda en llegar?** kou**ann**to sé **taR**da én lyé**gaR**

DISTRACTIONS

Mémo

Les films sont généralement doublés mais, dans les grandes villes, il y a des cinémas d'art et essai – arte y ensayo – qui présentent les films en version originale.

Pouvez-vous nous conseiller quelque chose pour les enfants?	**¿Puede recomendarnos algo para los niños?** *pou**é**dé RR**é**komenn**daR**noss **a**lgo **pa**Ra los **ni**gnoss*
Que peut-on faire ici le soir?	**¿Qué se puede hacer por las noches?** *ké sé pou**é**dé a**SéR** poR lass **no**tchéss*
Où y a-t-il un cinéma/un théâtre?	**¿Dónde hay un cine/un teatro?** ***donn**dé aïe oun **Si**né/oun t**é**atRo*
Où peut-on aller au concert?	**¿Dónde podemos asistir a algún concierto?** ***donn**dé pod**é**moss assis**tiR** a al**goun** konn**SièR**to*
Est-ce que vous pouvez nous réserver les billets?	**¿Puede reservarnos las entradas?** *pou**é**dé RR**é**sseR**baR**noss lass ennt**Ra**dass*
Y a-t-il des boîtes de nuit/des discothèques?	**¿Hay alguna sala de fiestas/alguna discoteca?** *aïe al**gou**na **sa**la dé fi**ess**tass/al**gou**na dissko**té**ka*
Y a-t-il des fêtes locales?	**¿Hay fiestas locales?** *aïe fi**ess**tass lo**ka**léss*
Y a-t-il une piscine?	**¿Hay piscina?** *aïe pis**Si**na*
Peut-on faire du cheval/pêcher?	**¿Se puede montar a caballo/pescar?** *sé pou**é**dé monn**taR** a ka**ba**lyo/p**é**s**kaR***

Voir aussi **SORTIR LE SOIR, SPORTS, TOURISME**

DOUANE ET PASSEPORT

Je n'ai rien à déclarer	**No tengo nada que declarar** *no **tenn**go **na**da ké dékla**Ra**R*
Je transporte la quantité permise d'alcool/de tabac	**Llevo la cantidad permitida de alcohol/ de tabaco** *l**yé**bo la kanti**dad** pé**R**mi**ti**da dé al**kol**/ dé ta**ba**ko*
J'ai deux bouteilles de vin à déclarer	**Tengo dos botellas de vino que declarar** ***tenn**go doss bo**té**lyass dé **bi**no ké dékla**Ra**R*
J'ai une bouteille d'alcool à déclarer	**Tengo una botella de licor que declarar** ***tenn**go **ou**na bo**té**lya dé li**kor** ké dékla**Ra**R*
Ma femme/Mon mari et moi avons un passeport familial	**Mi mujer/Mi marido y yo tenemos un pasaporte familiar** *mi mou**HéR**/mi ma**Ri**do y yo té**né**moss oun passa**poR**té famili**aR***
Les enfants sont sur ce passeport	**Los niños están en este pasaporte** *loss **ni**gnoss és**tann** én **é**sté passa**poR**té*
J'ai l'intention de rester dans ce pays pendant trois semaines	**Voy a pasar tres semanas en este país** *boï a pa**ssaR** tréss sé**ma**nass én **é**sté pa-**iss***
Nous sommes ici en vacances	**Venimos de vacaciones** *bé**ni**moss dé bakaSio**né**ss*
Je suis venu(e) pour affaires	**He venido en viaje de negocios** *é bé**ni**do én bia**Hé** dé né**go**Sioss*

ENFANTS

Mémo

Dans les restaurants et les cafés, vous pourrez, la plupart du temps, faire réchauffer la nourriture de votre bébé. Dans les autobus, les enfants de moins de quatre ans et, dans les trains, les enfants de moins de sept ans payent demi-tarif. Ils bénéficient également de réductions dans les hôtels.

J'ai deux enfants/un petit bébé	**Tengo dos niños/un bebé** *tenngo doss nignoss/oun bébé*
Faites-vous des réductions pour les enfants?	**¿Tienen tarifa especial para niños?** *tiénenn taRifa éspéSial paRa nignoss*
Avez-vous des installations pour les enfants?	**¿Tienen instalaciones para niños?** *tiénenn innstalaSionéss paRa nignoss*
Avez-vous un berceau pour le bébé?	**¿Tienen una cuna para el niño?** *tiénenn ouna kouna paRa él nigno*
Avez-vous un menu enfant?	**¿Tienen un menú especial para niños?** *tiénenn oun ménou éspéSial paRa nignoss*
Où puis-je allaiter mon bébé/changer mon bébé?	**¿Dónde puedo dar el pecho/mudar al niño?** *donndé pouédo daR él pétcho/moudaR al nigno*
Où puis-je faire chauffer le biberon?	**¿Donde puedo calentar el biberón?** *donndé pouédo kalenntaR él bibéRonn*
Y a-t-il une salle de jeu pour les enfants?	**¿Hay alguna sala de juegos para niños?** *aïe algouna sala dé Houégoss paRa nignoss*
Est-ce qu'il y a une garderie?	**¿Hay un servicio de guardería infantil?** *aïe oun séRbiSio dé gouaRdéRi-a innfanntil*

EXCURSIONS

Y a-t-il des excursions touristiques?	**¿Hay excursiones turísticas?** *aïe éxkou**R**sio**n**éss tou**R**istikass*
À quelle heure part le bus pour la visite organisée de la ville?	**¿A qué hora sale el autobús que hace el recorrido turístico por la ciudad?** *a ké **o**Ra **s**alé él a-auto**bou**ss ké a**S**é él RRéko**RR**ido tou**R**isstiko po**R** la Sioud**ad***
Combien de temps l'excursion dure-t-elle?	**¿Cuánto tiempo dura la excursión?** *kou**ann**to ti**emm**po **dou**Ra la éxkou**R**si**onn***
Y a-t-il des promenades en bateau sur le fleuve/le lac?	**¿Hay paseos en barco por el río/lago?** *aïe pa**sséo**ss én **baR**ko po**R** él **RR**i-o/**l**ago*
Y a-t-il des visites guidées de la cathédrale?	**¿Hay visitas con guía a la catedral?** *aïe bi**s**sitass konn **gui**-a a la katé**dR**al*
Y a-t-il des tarifs réduits pour les groupes?	**¿Hay tarifas reducidas para grupos?** *aïe ta**R**ifass **RR**édou**S**idass **p**ara **gR**ouposs*
Y a-t-il des tarifs réduits pour les retraités?	**¿Hay tarifas reducidas para jubilados?** *aïe ta**R**ifass **RR**édou**S**idass **p**ara Houbiladoss*
Où s'arrête-t-on pour le déjeuner?	**¿Dónde paramos para comer?** ***donn**dé pa**R**amoss pa**R**a ko**R***
Arrêtez le bus, s'il vous plaît, mon fils/ma fille a mal au cœur	**Por favor, pare el autobús, mi hijo/mi hija se ha mareado** *po**R** fa**boR pa**Ré él a-auto**bou**ss mi **i**Ho/mi **i**Ha sé a ma**R**éado*

Voir aussi **TOURISME**

FERRY

À quelle heure part le prochain ferry?	**¿A qué hora sale el próximo ferry?** *a ké oRa salé él pRoximo féRRi*
Un aller et retour pour une voiture, deux adultes et deux enfants	**Un billete de ida y vuelta para un coche, dos adultos y dos niños** *oun bilyété dé ida y bouélta paRa oun kotché doss adoultoss y doss nignoss*
Combien de temps dure la traversée?	**¿Cuánto dura la travesía?** *kouannto douRa la tRabéssi-a*
Y a-t-il des cabines?	**¿Hay camarotes?** *aïe kamaRotéss*
Y a-t-il des sièges inclinables?	**¿Hay sillones abatibles?** *aïe silyonéss abatibléss*
Y a-t-il une salle de télévision/un bar?	**¿Hay sala de televisión/bar?** *aïe sala dé télébissionn/baR*
Où sont les toilettes?	**¿Dónde están los servicios?** *donndé éstann loss séRbiSioss*
Où est la boutique hors taxes?	**¿Dónde está la tienda libre de impuestos?** *donndé ésta la tiennda libré dé immpouésstoss*
Pouvons-nous aller sur le pont?	**¿Podemos salir a la cubierta?** *podémoss saliR a la koubiéRta*
Comment est la mer aujourd'hui?	**¿Cómo está hoy el mar?** *komo ésta oï él maR*

FUMER

Mémo

Les bureaux de tabac – estancos – sont indiqués par un panonceau marron avec le mot TABACOS inscrit en jaune. On y trouve la plupart des marques de cigarettes. Il est interdit de fumer dans de très nombreux lieux publics. Le panneau qui l'indique est prohibido fumar.

Ça vous dérange si je fume?	**¿Le importa que fume?** *lé imm**poR**ta ké **fou**mé*
Pourriez-vous me passer un cendrier?	**¿Podría traerme un cenicero?** *po**dRi**-a tRa**éR**mé oun Séni**Sé**Ro*
Est-il interdit de fumer ici?	**¿Está prohibido fumar en esta zona?** *és**ta** pRo-i**bi**do fou**maR** én **és**ta **So**na*
Un paquet de… , s'il vous plaît	**Un paquete de… por favor** *oun pa**ké**té dé… poR fa**boR***
Avez-vous des cigarettes américaines/ françaises?	**¿Tiene alguna marca americana/ francesa?** *ti**é**né al**gou**na **maR**ka amé**Ri**kana/fRann**Sé**ssa*
Avez-vous des cigarettes blondes/ brunes?	**¿Tiene tabaco rubio/negro?** *ti**é**né ta**ba**ko **RRou**bio/**né**gRo*
Avez-vous des allumettes/des cure-pipes?	**¿Tiene cerillas/escobillas limpiapipas?** *ti**é**né Sé**Ri**lyass/ésko**bi**lyass limmpia**pi**pass*
Avez-vous du feu?	**¿Tiene fuego?** *ti**é**né fou**é**go*

GARE

Mémo

Il vaut mieux réserver votre place à l'avance sur les grandes lignes. La réservation est obligatoire et un supplément peut être exigé sur certains trains comme le TALGO et le TER. Si vous voyagez de nuit, vous pouvez réserver une couchette ou un wagon-lit. Les enfants de moins de trois ans voyagent gratuitement, ceux de trois à sept ans payent demi-tarif. Il est interdit de fumer dans les compartiments mais on peut fumer dans les couloirs.

Quels sont les horaires des trains pour… ?	**¿Cuál es el horario de los trenes a…?** *koual éss él oRaRio dé loss tRénéss a…*
À quelle heure part le prochain train pour… ?	**¿A qué hora sale el próximo tren para…?** *a ké oRa salé él pRoximo trénn paRa…*
À quelle heure arrive-t-il?	**¿A qué hora llega?** *a ké oRa lyéga*
Est-ce que je dois changer de train?	**¿Tengo que hacer transbordo?** *tenngo ké aSèR tRannsboRdo*
Un aller et retour pour… , en première/ deuxième classe	**Un billete de primera/segunda para… , de ida y vuelta** *oun bilyété dé pRiméRa/ségounda paRa… dé ida i bouélta*
Y a-t-il un supplément à payer?	**¿Hay que pagar algún suplemento?** *aïe ké pagaR algoun souplémennto*
Je voudrais réserver une couchette/un wagon-lit	**Quiero reservar una litera/un coche-cama** *kiéRo RRéssérbaR ouna litéRa/oun kotché-kama*

Voir aussi **BAGAGES, TRAIN**

GRAMMAIRE 1

Substantifs

Les substantifs peuvent être masculins ou féminins :

masculin : **el/un castillo** (le/un château)
los/unos castillos (les/des châteaux)

féminin : **la/una mesa** (la/une table)
las/unas mesas (les/des tables)

Généralement, les substantifs en **-o** sont masculins et ceux qui se terminent par **-a** sont féminins. Il existe, bien sûr, des exceptions : **la mano** (la main), **el mapa** (la carte), **el problema** (le problème). Les mots se terminant par **-dad, -ción, -sión, -tad, -tud, -umbre** et **-zón** sont le plus souvent féminins. Par ailleurs, les mots féminins commençant par un **a-** accentué prennent l'article masculin **el** : **el agua** (l'eau).

Le pluriel se forme généralement en ajoutant un **-s** aux mots se terminant par une voyelle et en ajoutant **-es** aux mots se terminant par une consonne. Lorsque le mot se termine par un **-z**, on forme le pluriel en changeant **-z** en **-ces** :

el niño (l'enfant) – **los niños** (les enfants)

la canción (la chanson) – **las canciones** (les chansons)

la voz (la voix) – **las voces** (les voix)

L'article **el** se contracte lorsqu'il est précédé de **a** et **de** :

a + el = al

de + el = del

ex. **al cine** (au cinéma)

el precio del billete (le prix du billet)

Démonstratifs

En espagnol il existe trois démonstratifs : **este** (ce… -ci) désigne une réalité proche dans l'espace et le temps, il correspond à l'adverbe de lieu 'ici'. Le deuxième, **ese** (ce… -là), désigne une réalité un peu plus éloignée et correspond à l'adverbe de lieu 'là'. Le troisième, **aquel** (ce… -là), indique l'éloignement et correspond

GRAMMAIRE 2

à l'adverbe de lieu 'là-bas'. Tous les trois varient en genre et en nombre avec le nom qu'ils accompagnent.

este niño	ce garçon (-ci)	**esta niña**	cette fille (-ci)
estos niños	ces garçons (-ci)	**estas niñas**	ces filles (-ci)
ese niño	ce garçon (-là)	**esa niña**	cette fille (-là)
esos niños	ces garçons (-là)	**esas niñas**	ces filles (-là)

aquel niño   ce garçon (-là [là-bas])
aquella niña   cette fille (-là [là-bas])
aquellos niños   ces garçons (-là [là-bas])
aquellas niñas   ces filles (-là [là-bas])

Ces formes peuvent également être utilisées comme pronoms auquel cas, elles portent l'accent écrit :
éste (celui-ci)   **ésa** (celle-là)   **aquéllos** (ceux-là [là-bas])

Il existe aussi des pronoms neutres qui correspondent aux démonstratifs :
esto (ceci)   **eso** (cela)   **aquello** (cela)

Adjectifs

Les adjectifs se placent à peu près comme en français, c'est-à-dire après le nom, et ils s'accordent en genre et en nombre avec celui-ci.

ex.   **la manzana roja** (la pomme rouge)
        la primera página (la première page)

Le féminin des adjectifs se forme en changeant la terminaison **-o** en **-a** dans la plupart des cas. Les terminaisons **-án, -ón, -or** et **-és** deviennent respectivement **-ana, -ona, -ora** et **-esa**.

masculin
el libro rojo
(le livre rouge)
el hombre francés
(l'homme français)

féminin
la manzana roja
(la pomme rouge)
la mujer francesa
(la femme française)

GRAMMAIRE 3

Il faut cependant noter que les mots **mejor** (meilleur), **peor** (pire), **mayor** (plus grand, plus âgé) et **menor** (plus petit, plus jeune) ne changent pas au féminin.

Pour mettre un adjectif au pluriel, il suffit de rajouter un **-s** lorsqu'il se termine par une voyelle et **-es** lorsqu'il se termine par une consonne.

ex.   **los libros rojos** (les livres rouges)
   los libros útiles (les livres utiles)

Possessifs

Ils s'accordent en genre et en nombre avec le nom qu'ils accompagnent.

	singulier		*pluriel*	
	masc.	*fém.*	*masc.*	*fém.*
mon/ma/mes	**mi**	**mi**	**mis**	**mis**
ton/ta/tes	**tu**	**tu**	**tus**	**tus**
son/sa/ses	**su**	**su**	**sus**	**sus**
votre/vos *(politesse)*	**su**	**su**	**sus**	**sus**
notre/nos	**nuestro**	**nuestra**	**nuestros**	**nuestras**
votre/vos	**vuestro**	**vuestra**	**vuestros**	**vuestras**
leur/leurs	**su**	**su**	**sus**	**sus**

Pronoms

SUJET		COMPLÉMENT D'OBJET DIRECT	
je, moi	**yo**	me	**me**
tu, toi	**tú**	te	**te**
il, lui	**él**	le	**le** *(personne)* **lo** *(chose)*
elle	**ella**	la	**la**
vous *(sing.)*	**usted** *(politesse)*		**le/la**
nous	**nosotros(as)**	nous	**nos**
vous	**vosotros(as)**	vous	**os**
ils, eux	**ellos**	les	**les** *(personnes)* **los** *(choses)*
elles	**ellas**	les	**las**
vous *(pl.)*	**ustedes** *(politesse)*		**les/las**

GRAMMAIRE 4

Pronom réfléchi de la troisième personne : **se** (se)

OBJET INDIRECT		AVEC PRÉPOSITION	
me	**me**	moi	**mí**
te	**te**	toi	**ti**
lui	**le**	lui	**él**
		elle	**ella**
vous *(sing.)*	**le** *(politesse)*	vous	**usted**
nous	**nos**	nous	**nosotros/as**
vous	**os**	vous	**vosotros/as**
leur	**les**	eux	**ellos**
		elles	**ellas**
vous *(pl.)*	**les** *(politesse)*	vous	**ustedes**

RÉFLÉCHI

se	**se**	soi	**sí**

L'emploi du pronom personnel sujet n'est pas nécessaire car les terminaisons verbales permettent de savoir quelle est la personne du verbe. Il est donc utilisé surtout pour lever toute ambiguïté.

ex.   ***Yo* voy a Mallorca y *él* va a Alicante**

       Moi, je vais à Majorque, et lui, il va à Alicante

Le pronom personnel complément se place avant le verbe comme en français :

ex.   **le veo** (je le vois)

       le conocemos (nous le connaissons)

sauf lorsqu'il est utilisé avec un verbe à l'impératif affirmatif ou à l'infinitif (avec un verbe à l'impératif négatif, le pronom précède le verbe).

ex.   **ayúdame** (aide-moi)

       escúchale (écoute-le)

       quiero hacerlo (je veux le faire)

Quand il y a plusieurs pronoms compléments, l'indirect se place toujours avant le direct.

ex.   **te lo doy** (je te le donne)

       dámelo (donne-le-moi)

GRAMMAIRE 5

Dans les cas où les deux pronoms compléments sont à la troisième personne, l'objet indirect (**le** ou **les**), placé devant, se traduit par **se**. Ce **se** n'a aucun sens réfléchi dans ces cas.

ex. **se lo daré mañana** (je le lui donnerai demain)

voy a decírselo (a ella) (je vais le lui dire)

Verbes

Il existe trois groupes de verbes en espagnol : les verbes en **-ar**, les verbes en **-er** et les verbes en **-ir**. Rappelez-vous que le verbe à la troisième personne est utilisé pour la forme de politesse.

PRÉSENT :

cantar	chanter	**beber**	boire
canto	je chante	**bebo**	je bois
cantas	tu chantes	**bebes**	tu bois
canta	il/elle chante	**bebe**	il/elle boit
cantamos	nous chantons	**bebemos**	nous buvons
cantáis	vous chantez	**bebéis**	vous buvez
cantan	ils/elles chantent	**beben**	ils/elles boivent

vivir	vivre
vivo	je vis
vives	tu vis
vive	il/elle vit
vivimos	nous vivons
vivís	vous vivez
viven	ils/elles vivent

Le passé composé de *tous* les verbes se forme avec l'auxiliaire **haber** (avoir) :

ex. **he cantado/bebido/vivido** j'ai chanté/bu/j'ai vécu

GRAMMAIRE 6

Voici six des principaux verbes irréguliers (qui sont très nombreux en espagnol) :

	ser (être)	**estar** (être)
je suis	**soy**	**estoy**
tu es	**eres**	**estás**
il/elle est	**es**	**está**
nous sommes	**somos**	**estamos**
vous êtes	**sois**	**estáis**
ils/elles sont	**son**	**están**

	haber (avoir)	**tener** (avoir)
j'ai	**he**	**tengo**
tu as	**has**	**tienes**
il/elle a	**ha**	**tiene**
nous avons	**hemos**	**tenemos**
vous avez	**habéis**	**tenéis**
ils/elles ont	**han**	**tienen**

	hacer (faire)		**ir** (aller)
je fais	**hago**	je vais	**voy**
tu fais	**haces**	tu vas	**vas**
il/elle fait	**hace**	il/elle va	**va**
nous faisons	**hacemos**	nous allons	**vamos**
vous faites	**hacéis**	vous allez	**vais**
ils/elles font	**hacen**	ils/elles vont	**van**

Les verbes **ser** et **estar** ne sont pas interchangeables : **ser** exprime un état permanent, une qualité inhérente, tandis que **estar** exprime un état provisoire ou la position. Comparez :

ex. **mi mujer es francesa** (ma femme est française)

mi mujer está enferma (ma femme est malade)

Le verbe **haber** n'est utilisé que pour former le passé composé. La possession s'exprime avec le verbe **tener** :

ex. **he comprado un coche** (j'ai acheté une voiture)

tengo un coche (j'ai une voiture)

HÉBERGEMENT

Mémo

Les hôtels sont regroupés en cinq catégories (de une à cinq étoiles) et les pensions – pensiones et hostales – en trois catégories (de une à trois étoiles). Vous pouvez aussi séjourner dans les paradores nacionales, qui sont souvent des monuments historiques aménagés pour accueillir des hôtes, et dans les albergues de carretera (motels) qui se trouvent aux points stratégiques sur les grandes routes et les autoroutes. La TVA – IVA – est généralement incluse dans le prix.

Je voudrais réserver une chambre individuelle/double	**Quiero reservar una habitación individual/doble** *kiéRo RRésséRbaR ouna abitaSionn inndibidoual/doblé*
Êtes-vous équipés pour les personnes handicapées?	**¿Tienen ustedes instalaciones especiales para minusválidos?** *tiénén oustédéss innstalaSionéss éspéSialéss paRa minousbalidoss*
Je voudrais une chambre avec petit déjeuner/en pension complète	**Quisiera habitación y desayuno/pensión completa** *kissiéRa abitaSionn y déssayouno/pénnsionn kompléta*
Quels sont vos prix par jour/semaine?	**¿Cuál es la tarifa por día/por semana?** *koual éss la taRifa poR di-a/poR sémana*
Je voudrais rester trois nuits	**Quiero quedarme tres noches** *kiéRo kédaRmé tRéss notchéss*
Je voudrais rester du… au…	**Quiero quedarme del… al…** *kiéRo kédaRmé dél… al…*
Voulez-vous une confirmation par écrit?	**¿Quiere que lo confirme por escrito?** *kiéRé ké lo konnfiRmé poR éskRito*
Nous arriverons à… heures/très tard	**Llegaremos a las… /muy tarde** *lyégaRémoss a lass… /mouï taRdé*

Voir aussi **À L'HÔTEL, LOCATION – LOGEMENT, SERVICE D'ÉTAGE**

HEURE 1

Quelle heure est-il?	**¿Qué hora es?** *ké **o**Ra éss*
Il est…	**Son…** *sonn…*
8h00	**las ocho** *lass **o**tcho*
8h05	**las ocho y cinco** *lass **o**tcho y **Sinn**ko*
8h10	**las ocho y diez** *lass **o**tcho y di**éS***
8h15	**las ocho y cuarto** *lass **o**tcho y koua**R**to*
8h20	**las ocho y veinte** *lass **o**tcho y **b**éinnté*
8h25	**las ocho y veinticinco** *lass **o**tcho y béinnti**Sinn**ko*
8h30	**las ocho y media** *lass **o**tcho y **m**édia*
8h35	**las nueve menos veinticinco** *lass nou**é**bé **m**énoss béinnti**Sinn**ko*
8h40	**las nueve menos veinte** *lass nou**é**bé **m**énoss **b**éinnté*
8h45	**las nueve menos cuarto** *lass nou**é**bé **m**énoss koua**R**to*
8h50	**las nueve menos diez** *lass nou**é**bé **m**énoss di**éS***
8h55	**las nueve menos cinco** *lass nou**é**bé **m**énoss **Sinn**ko*
midi	**las doce de la mañana** *lass **do**Sé dé la ma**gna**na*
minuit	**las doce de la noche** *lass **do**Sé dé la **not**ché*
(il est) une heure	**(es) la una** *(èss) la **ou**na*

Voir aussi **CHIFFRES**

HEURE 2

À quelle heure ouvrez-vous?	**¿A qué hora abren?** *a ké oRa abrenn*
À quelle heure fermez-vous?	**¿A qué hora cierran?** *a ké oRa SiéRRann*
Avons-nous le temps de visiter la ville?	**¿Tenemos tiempo para visitar la ciudad?** *ténémoss tiémpo paRa bissitaR la Si-oudad*
Combien de temps faut-il pour y aller?	**¿Cuánto tardaremos en llegar allí?** *kouannto taRdaRémoss én lyégaR alyi*
Nous sommes arrivés en avance	**Llegamos con adelanto** *lyégamoss konn adélannto*
Nous sommes arrivés en retard	**Llegamos con retraso** *lyégamoss konn RRétrasso*
Nous devons être rentrés à l'hôtel avant… heures	**Tenemos que volver al hotel antes de las…** *ténémoss ké bolbéR al otél anntéss dé lass…*
Le car part à quelle heure le matin?	**¿A qué hora sale el autocar por la mañana?** *a ké oRa salé él a-outokaR poR la magnana*
L'excursion démarre vers… heures	**La excursión empieza sobre las…** *la éxkoursionn émpiéSa sobRé lass…*
Nous pouvons y être en une demi-heure	**Podemos estar allí en media hora** *podémoss éstaR alyi én média oRa*
La table est réservée pour… heures ce soir	**La mesa está reservada para esta noche a las…** *la méssa ésta RRésséRbada paRa ésta notché a lass…*

À L'HÔTEL

Mémo

Le prix d'une chambre comprend toujours le petit déjeuner à l'hôtel, mais ce n'est pas le cas dans les pensions ou dans les hostales. Vous devez en général avoir quitté votre chambre avant midi le jour de votre départ.

J'ai réservé une chambre au nom de…	**Tengo reservada una habitación a nombre de…** *tenngo RRésséRbada ouna abitaSionn a nommbRé dé…*
J'ai confirmé la réservation par lettre/ par téléphone	**Confirmé la reserva por carta/por teléfono** *konnfiRmé la RRésséRba poR kaRta/poR téléfono*
Pourriez-vous faire monter mes bagages?	**¿Puede mandar que me suban el equipaje?** *pouédé manndaR ké mé soubann él ékipaHé*
À quelle heure le petit déjeuner/le dîner est-il servi?	**¿A qué hora es el desayuno/la cena?** *a ké oRa éss él déssayouno/la Séna*
Pourrions-nous avoir le petit déjeuner dans notre chambre?	**¿Pueden traernos el desayuno a la habitación?** *pouédén tRaéRnoss él déssayouno a la abitaSionn*
Réveillez-moi à…	**Despiérteme a las…** (*voir* HEURE) *déspiéRtémé a lass…*
Je voudrais rester une nuit de plus	**Quisiera quedarme una noche más** *kissiéra kédaRmé ouna notché mass*

INFORMATIONS ROUTIÈRES

Mémo

Les autoroutes sont excellentes mais sont souvent à péage. Les routes principales – autovías – sont également très bonnes et leur réseau est en pleine expansion. Les routes nationales – carreteras nacionales – n'ont souvent que deux voies avec quelquefois une voie réservée aux véhicules lents dans les côtes très escarpées. Les routes départementales – comarcales – ne sont pas en très bon état mais ont l'avantage d'être très peu empruntées. En hiver, en montagne, les chaînes sont obligatoires.

Y a-t-il une route qui évite les encombrements?	**¿Hay algún otro camino que evite los atascos?** *aïe al**goun** o**tRo** ka**mi**no ké é**vi**té loss a**tass**koss*
Y a-t-il beaucoup de circulation sur l'autoroute?	**¿Hay mucho tráfico en la autopista?** *aïe **mou**tcho **tRa**fiko én la a-outo**pis**ta*
Pourquoi y a-t-il cet embouteillage?	**¿A qué se debe este atasco?** *a ké sé **dé**bé **és**té a**tass**ko*
Quand la route sera-t-elle dégagée?	**¿Cuándo estará despejada la carretera?** *kou**ann**do és**taRa** déspé**Ha**da la kaRRé**té**Ra*
Y a-t-il une déviation?	**¿Hay algún desvío?** *aïe al**goun** dés**bi**-o*
La route qui mène à … est-elle enneigée?	**¿Está bloqueada por la nieve la carretera para ir a… ?** *és**ta** blo**ké**ada poR la ni**é**bé la kaRRé**té**ra **pa**Ra iR a…*
Le col/le tunnel est-il ouvert?	**¿Está abierto el puerto/el túnel?** *és**ta** abi**éR**to él pou**éR**to/él **tou**nél*
Faut-il des chaînes?	**¿Hacen falta cadenas?** *acenn **fal**ta ca**dé**nass*

Voir aussi **MÉTÉO, EN ROUTE**

JOURS FÉRIÉS

Mémo

Chaque pays d'Amérique Latine a sa fête nationale qui correspond à l'anniversaire de son indépendance.

Jour de l'An	1er janvier	**Año Nuevo** *agno nouébo*
Épiphanie	6 janvier	**Epifanía** *épifani-a*
La Saint Joseph	19 mars	**San José** *sann Hossé*
Jeudi saint		**Jueves Santo** *Houébéss sannto*
Vendredi saint		**Viernes Santo** *biéRnéss sannto*
Fête-Dieu		**Corpus Christi** *koRpouss kRissti*
Fête du Travail	1er mai	**Día del Trabajo** *di-a dél tRabaHo*
La Saint Jacques	25 juillet	**Santiago Apóstol** *sanntiago aposstol*
L'Assomption	15 août	**Asunción** *assounnSionn*
Hispanidad	12 octobre	**Hispanidad** *isspanidad*
La Toussaint	1 novembre	**Todos los Santos** *todoss loss sanntoss*
L'Immaculée Conception	8 décembre	**Inmaculada Concepción** *innmakoulada konnSépSionn*
Noël	25 décembre	**Navidad** *nabidad*

LOCATION – LOGEMENT

Nous avons réservé un appartement au nom de…	**Tenemos reservado un apartamento a nombre de…** *ténémoss RRésséRbado oun apaRtamennto a nombRé dé…*
Pouvez-vous nous faire visiter?	**¿Nos lo enseñar puede?** *noss lo ennségnaR pouédé*
Quelle est la clé de la porte d'entrée?	**¿Cuál es la llave de la puerta de entrada?** *koual éss la lyabé dé la pouéRta dé éntRada*
Où se trouve le compteur d'électricité?	**¿Dónde está el contador de la luz?** *donndé ésta él konntadoR dé la louS*
Où se trouve le chauffe-eau?	**¿Dónde está el calentador del agua?** *donndé ésta él kalenntadoR dél agoua*
Comment marche le chauffage/la douche?	**¿Cómo funciona la calefacción/ la ducha?** *komo founnSiona la kaléfakSionn/la doutcha*
Quel jour la femme de ménage vient-elle?	**¿Qué día vienen a limpiar?** *qué dia biénén a limmpiaR*
Un fusible a grillé	**Se han fundido los plomos** *sé ann foundido loss plomoss*
Avez-vous des draps et des couvertures de rechange?	**¿Tiene sábanas y mantas de repuesto?** *tiéné sabanass y manntass dé RRépouéssto*
Où puis-je vous joindre?	**¿Cómo puedo ponerme en contacto con usted?** *komo pouédo ponéRmé én konntakto konn oustéd*

LOCATION – VOITURE

Mémo

Il existe des bureaux de location de voitures dans les aéroports et dans les gares principales. Vous devez avoir plus de 21 ans et être en possession d'un permis de conduire valable. Les prix incluent généralement l'entretien, le dépannage et une assurance de base. Il est recommandé de prendre l'assurance tous risques, moyennant un supplément. Lorsqu'on vous remet la note, soyez attentif à la base sur laquelle vous êtes facturé.

Je voudrais louer une voiture	**Quisiera alquilar un coche** kiss**ié**Ra alki**laR** oun **ko**tché
J'ai besoin d'une voiture avec chauffeur	**Necesito un coche con conductor** néS**é**ssito oun **ko**tché konn konndouk**toR**
Je voudrais une grande/petite voiture	**Quisiera un coche grande/pequeño** kiss**ié**Ra oun **ko**tché **gRann**dé/pék**é**gno
Y a-t-il un tarif au kilomètre?	**¿Hay una tasa por kilómetro?** aïe **ou**na **ta**ssa poR ki**lo**metRo
Combien coûte le supplément pour une assurance tous risques?	**¿Cuánto más cuesta el seguro a todo riesgo?** kou**ann**to mass kou**é**sta él s**é**guRo a **to**do Ri**é**sgo
Je voudrais laisser la voiture à…	**Quisiera dejar el coche a…** kiss**ié**Ra dé**HaR** él **ko**tché a…
Mon mari/Ma femme va aussi conduire	**Mi marido/Mi mujer también va a conducir** mi ma**Ri**do/mi mou**HéR** tammbi**enn** ba a konndou**SiR**
Comment est-ce qu'on fait marcher les commandes?	**¿Cómo funcionan los mandos?** **ko**mo founn**Si**onann loss **mann**doss

MÉDECIN

Mémo

Avant de partir, assurez-vous auprès de la Sécurité sociale et de votre mutuelle que vous êtes bien en possession de tous les formulaires nécessaires afin de pouvoir vous faire rembourser, à votre retour, vos visites éventuelles chez un médecin.

Je dois voir un médecin	**Necesito un médico** *néSéssito oun médiko*
Puis-je avoir un rendez-vous avec le médecin?	**¿Puede darme hora para el médico?** *pouédé daRmé oRa paRa él médiko*
Mon fils/Ma femme est malade	**Mi hijo está enfermo/Mi mujer está enferma** *mi iHo ésta ennféRmo/mi mouHéR ésta ennféRma*
J'ai mal à la gorge	**Me duele la garganta** *mé douélé la gaRgannta*
J'ai des troubles digestifs	**Tengo un trastorno digestivo** *téngo oun tRastoRno diHéstibo*
Il a la diarrhée/mal aux oreilles	**Tiene diarrea/dolor de oídos** *tiéné diaRRéa/doloR dé o-idoss*
J'ai mal ici/dans la poitrine	**Tengo un dolor aquí/en el pecho** *tenngo oun doloR aki/én él pétcho*
Elle a de la fièvre/Il a 38°	**Tiene fiebre/Tiene 38°** *tiéné fiébRé/tiéné tRéinnta y otcho gRadoss*
Il ne peut pas respirer/marcher	**No puede respirar/andar** *no pouédé RRéspiRaR/anndaR*
J'ai mal au cœur	**Me siento mareado** *mé siennto maRéado*

MÉDECIN

Je ne peux pas dormir/avaler
No puedo dormir/tragar
no pouédo doRmiR/tRagaR

Elle a vomi/toussé
(Ella) Ha vomitado/tosido
(élya) a bomitado/tossido

Je suis diabétique
Soy diabético
soï diabétiko

Je suis enceinte
Estoy embarazada
éstoï emmbaRaSada

Je suis allergique à la pénicilline/cortisone
Soy alérgico a la penicilina/cortisona
soï aléRHiko a la péniSilina/koRtissona

J'ai de la tension
Tengo la tensión alta
tenngo la tennsionn alta

Mon groupe sanguin est A positif/O négatif
Mi grupo sanguíneo es A positivo/O negativo
mi gRoupo sannguinéo éss A possitibo/O négatibo

LE MÉDECIN PEUT VOUS DIRE :

Tiene que quedarse en la cama
tiéné ké kédaRssé én la kama

Vous devez garder le lit

Tendrá que ir al hospital
téndRa ké iR al ospital

Il faut que vous alliez à l'hôpital

Va a necesitar una operación
ba a néSéssitaR ouna opéRaSionn

Il va falloir vous opérer

Tómese esto cuatro veces al día
toméssé ésto kouatRo béSéss al di-a

Prenez ceci quatre fois par jour

MENUS

En Espagne, vous pouvez faire un excellent repas même dans les plus petits restaurants. Rappelez-vous simplement que les horaires des repas diffèrent quelque peu des nôtres, c'est-à-dire qu'on mange en général plus tard.

El desayuno (petit déjeuner) est généralement servi entre 8h et 10h. N'hésitez pas à essayer les *churros,* sortes de beignets que l'on trempe dans du café ou du chocolat chaud.

El almuerzo (déjeuner) n'est jamais servi avant 14h et, en fait, beaucoup d'Espagnols ne déjeunent pas avant 15h.

La cena (dîner) est servie entre 21h et 22h et souvent même plus tard. Néanmoins, dans certains lieux touristiques, vous pourrez dîner plus tôt.

Un repas normal consiste en trois plats – hors-d'œuvre, plat principal de viande, de poisson ou d'œufs, et dessert :

Entremeses	hors-d'œuvre
Sopas	soupes
Huevos	œufs
Mariscos	coquillages, fruits de mer
Pescado	poisson
Carne	viande
Aves y caza	volaille et gibier
Postres	desserts

Chaque région a sa façon de préparer un plat. En dehors des zones touristiques, la *paella* n'est généralement servie que le dimanche et le *gazpacho* n'est proposé qu'en été.

Quelle est la spécialité de la maison?	**¿Cuál es la especialidad de la casa?** *koual éss la éspéSialidad dé la kassa*
Qu'est-ce que vous avez comme poissons/légumes?	**¿Qué pescados/verduras tienen?** *ké péskadoss/béRdouRass tiénenn*
Pourriez-vous nous apporter du pain/de l'eau, s'il vous plaît?	**¿Podría traernos pan/agua, por favor?** *podRi-a tRaéRnoss pann/agoua poR faboR*

MESURES

un demi-litre de…
medio litro de…
médio litRo dé…

un litre de…
un litro de…
oun litRo dé…

un kilo de…
un kilo de…
oun kilo dé…

100 grammes de…
100 gramos de…
Sién gRamoss dé…

un demi-kilo de…
medio kilo de…
médio kilo dé…

une demi-bouteille de…
media botella de…
média botélya dé…

une tranche de…
una loncha de…
ouna lonntcha dé…

une part de…
una ración de…
ouna RaSionn dé…

une douzaine…
una docena…
ouna doSéna…

1000 pesetas de…
mil pesetas de…
mil péssétass dé…

un tiers
un tercio
oun téRSio

deux tiers
dos tercios
doss téRSioss

un quart
un cuarto
oun kouaRto

trois quarts
tres cuartos
tRéss kouaRtoss

dix pour cent
el diez por ciento
él diéS poR Siennto

plus…
más…
mass…

moins…
menos…
ménoss…

assez…
bastante…
bastannté…

le double
el doble
él doblé

deux fois
dos veces
doss béSéss

MÉTÉO

Il fait très beau aujourd'hui	**Hace un día estupendo** *aSé oun di-a éstoupenndo*
Quel temps épouvantable!	**¡Qué tiempo tan horrible!** *ké tiemmpo tann oRRiblé*
Il pleut	**Está lloviendo** *ésta lyobienndo*
Il neige	**Está nevando** *ésta nébanndo*
Il y a du vent	**Hace viento** *aSé biennto*
Va-t-il faire froid ce soir?	**¿Hará frío esta noche?** *aRa fRi-o ésta notché*
Va-t-il pleuvoir?	**¿Va a llover?** *ba a lyobéR*
Va-t-il neiger?	**¿Va a nevar?** *ba a nébaR*
Va-t-il geler?	**¿Va a helar?** *ba a élaR*
Va-t-il y avoir de l'orage?	**¿Va a haber tormenta?** *ba a abéR toRmennta*
Va-t-il faire beau?	**¿Va a hacer buen tiempo?** *ba a acéR bouenn tiemmpo*
Le temps va-t-il changer?	**¿Va a cambiar el tiempo?** *ba a kammbiaR él tiemmpo*
Quelle température fait-il?	**¿Qué temperatura hace?** *ké témmpéRatouRa aSé*

NETTOYAGE

Mémo

Les laveries automatiques et les pressings ne sont pas très courants en Espagne. Quand c'est possible, utilisez les services de blanchisserie de votre hôtel.

Y a-t-il un service de blanchisserie?	**¿Hay servicio de lavandería?** *aïe séRbiSio dé labanndéRi-a*
Y a-t-il une laverie automatique près d'ici?	**¿Hay alguna lavandería automática por aquí cerca?** *aïe algouna labanndéRi-a a-outomatika poR aki SéRka*
Y a-t-il un pressing près d'ici?	**¿Hay alguna tintorería por aquí cerca?** *aïe algouna tinntoRéRi-a poR aki SéRka*
Où puis-je faire nettoyer/repasser cette jupe?	**¿Dónde me podrían limpiar/planchar esta falda?** *donndé mé podRi-ann limmpiaR/planntchaR ésta falda*
Pouvez-vous enlever cette tache?	**¿Puede quitar esta mancha?** *pouédé kitaR ésta manntcha*
Ce tissu est très délicat	**Este tejido es muy delicado** *ésté téHido és mouï délikado*
Il faut que je lave cela immédiatement	**Necesito lavar esto inmediatamente** *néSéssito labaR ésto innmédiatamennté*
Où puis-je laver… ?	**¿Dónde puedo lavar… ?** *donndé pouédo labaR…*
J'ai besoin d'eau et de savon	**Necesito agua y jabón** *néSéssito agoua y Habonn*
Où puis-je faire sécher mon linge?	**¿Dónde puedo poner la ropa a secar?** *donndé pouédo ponéR la RRopa a sékaR*

PANNES

Mémo

En cas de panne, essayez d'appeler le garage le plus proche – taller de reparaciones. Sur de nombreuses routes et autoroutes, il y a des téléphones d'urgence à intervalles réguliers et c'est un service qui est actuellement en voie d'extension. Il existe deux organisations d'automobilistes, la ADA et la RACE.

Ma voiture est en panne	**Mi coche está averiado** *mi ko**t**ché é**s**ta a**bé**Ria**d**o*
Les freins ne marchent pas bien	**Los frenos no funcionan bien** *loss f**Ré**noss no fou**nn**S**i**onann bie**nn***
Il y a un problème au niveau du circuit électrique	**Algo falla en el sistema eléctrico** *a**l**go **fa**lya én él sis**té**ma é**lék**triko*
Je suis en panne d'essence	**Me he quedado sin gasolina** *mé é ké**da**do si**nn** gas**s**olina*
Le moteur chauffe	**El motor se calienta** *él mo**toR** sé kali**enn**ta*
Pouvez-vous me remorquer jusqu'à un garage?	**¿Puede remolcarme hasta un taller?** *po**ué**dé Remol**kaR**mé **a**sta oun tal**yéR***
Avez-vous les pièces de rechange nécessaires?	**¿Tiene los repuestos necesarios?** *ti**é**né loss RRépo**ué**stoss néS**é**ssaRioss*
Combien de temps la réparation prendra-t-elle?	**¿Cuánto tardará en repararlo?** *kou**a**nnto taRda**Ra** én RRépa**Ra**Rlo*
La voiture est encore sous garantie	**El coche todavía está bajo garantía** *él **ko**tché todabi-a és**ta** ba**Ho** gaRa**nn**ti-a*

Voir aussi **STATION-SERVICE**

PAYER

Mémo

Les cartes de crédit, les chèques de voyage et les eurochèques sont acceptés dans de nombreux hôtels, restaurants et magasins. En revanche, vous devez toujours payer en liquide dans les stations-service. La TVA – IVA – est toujours incluse; dans le cas contraire, cela sera spécifié sur la facture.

L'addition/La note, s'il vous plaît	**La cuenta/La factura, por favor** *la kouennta/la faktouRa poR faboR*
Le service est-il compris/La taxe est-elle incluse?	**¿Incluye el servicio/los impuestos?** *innklouyé él séRbiSio/loss immpouésstoss*
Ça fait combien?	**¿Cuánto le debo?** *kouannto lé débo*
C'est combien?	**¿Cuánto es?** *kouannto éss*
Dois-je verser des arrhes?	**¿Tengo que dejar una señal?** *tenngo ké déHaR ouna ségnal*
Puis-je payer avec une carte de crédit/par chèque?	**¿Puedo pagar con tarjeta de crédito/con un cheque?** *pouédo pagaR konn taRHéta dé kRédito/konn oun tchéké*
Acceptez-vous les chèques de voyage?	**¿Aceptan cheques de viaje?** *aSéptann tchékéss dé biaHé*
Pouvez-vous me donner un reçu, s'il vous plaît?	**¿Me da un recibo, por favor?** *mé da oun RRéSibo poR faboR*
Pourriez-vous me faire une facture détaillée?	**¿Podría darme una factura detallada?** *podRi-a daRmé ouna faktouRa détalyada*

Voir aussi **ACHATS, ARGENT**

PHARMACIE

Mémo

Seuls quelques produits de toilette sont en vente dans les pharmacies. On les trouve plus facilement dans une perfumería *ou dans une* droguería. *Les heures d'ouverture des pharmacies sont les mêmes que celles des autres magasins. En dehors des heures normales d'ouverture, cherchez le panneau* Farmacia de Guardia *qui se trouve sur toutes les pharmacies.* Servicio diurno *indique que la pharmacie est ouverte de 10h à 22h les week-ends et les jours fériés, et* servicio nocturno *indique que la pharmacie reste ouverte toute la nuit.*

Je voudrais quelque chose pour le mal de tête/de gorge/de dents	**Quisiera algo para el dolor de cabeza/de garganta/de muelas** *kissiéRa algo paRa él doloR dé kabéSa/dé gaRgannta/dé mouélass*
Je voudrais de l'aspirine/des pansements adhésifs	**Quisiera aspirina/tiritas** *kissiéRa aspiRina/tiRitass*
Avez-vous quelque chose contre les piqûres d'insectes/les coups de soleil?	**¿Tiene algo para las picaduras de insectos/las quemaduras de sol?** *tiéné algo paRa lass pikadouRass dé innséktoss/lass kémadouRass dé sol*
J'ai un rhume/ Je tousse	**Tengo un resfriado/Tengo tos** *tenngo oun RRésfRi-ado/tenngo toss*
Combien de sirop/de pastilles dois-je prendre?	**¿Cuánto jarabe/Cuántas pastillas tomo?** *kouannto HaRabé/kouanntass pastilyass tomo*
Je le prends tous les combien?	**¿Cada cuánto lo tomo?** *kada kouannto lo tomo*
Est-ce que c'est sans danger pour les enfants?	**¿Lo pueden tomar los niños?** *lo puédenn tomaR loss nignoss*

PHOTOGRAPHIE

Mémo

Il est pratiquement toujours interdit de prendre des photos dans les musées, les galeries d'art et les églises.

Je voudrais une pellicule couleurs/ noir et blanc pour cet appareil	**Quisiera un carrete en color/blanco y negro para esta cámara** *kissiéRa oun kaRRété én koloR/blannko y négro paRa ésta kamaRa*
C'est pour un tirage sur papier/des diapositives	**Es para copias en papel/para diapositivas** *éss paRa kopiass én papél/paRa diapossitibass*
Mon appareil ne marche pas bien	**Mi cámara no funciona bien** *mi kamaRa no founnSiona bienn*
La pellicule s'est coincée	**La película está atascada** *la pélikoula ésta ataskada*
L'obturateur s'est coincé	**El obturador está atascado** *él obtouRadoR ésta ataskado*
Pouvez-vous développer cette pellicule?	**¿Puede revelar esta película?** *pouédé RRébélaR ésta pélikoula*
Quand les photos seront-elles prêtes?	**¿Para cuándo estarán las fotos?** *paRa kouanndo éstaRann lass fotoss*
Est-ce que je peux prendre des photos ici?	**¿Puedo hacer fotos aquí?** *pouédo aSéR fotoss aki*
Pourriez-vous nous prendre en photo, s'il vous plaît?	**¿Podría hacernos una foto, por favor?** *podRi-a aSéRnoss ouna foto poR faboR*

PLAGE

Mémo

Il n'y a pas de plages privées en Espagne. Comme en France, un drapeau rouge indique qu'il est dangereux de se baigner, un drapeau jaune qu'il est conseillé de ne pas se baigner et un drapeau vert qu'il est permis de se baigner.

Peut-on nager ici sans danger?	**¿Se puede nadar aquí sin peligro?** *sé pouédé nadaR aki sinn péligRo*
À quelle heure est la marée haute/basse?	**¿A qué hora está alta/baja la marea?** *a ké oRa ésta alta/baHa la maRéa*
Quelle est la profondeur de l'eau?	**¿Qué profundidad tiene el agua?** *ké pRofounndidad tiéne él agoua*
Le courant est-il fort?	**¿Hay corrientes?** *aïe koRRienntéss*
Est-ce une plage tranquille?	**¿Es una playa tranquila?** *éss ouna playa trannkila*
Où pouvons-nous nous changer?	**¿Dónde podemos cambiarnos?** *donndé podémoss kammbiaRnoss*
Puis-je louer une chaise longue/une barque?	**¿Puedo alquilar una tumbona/ una barca?** *pouédo alkilaR ouna toumbona/ouna baRka*
Peut-on pêcher/faire de la planche à voile?	**¿Se puede pescar/hacer windsurfing?** *sé pouédé péskaR/aSéR winnssouRfinn*
Y a-t-il une piscine pour les enfants?	**¿Hay una piscina para los niños?** *aïe ouna pisSina paRa loss nignoss*
Où puis-je acheter une glace/quelque chose à manger?	**¿Dónde puedo comprar un helado/algo para comer?** *donndé pouédo kommpRaR oun élado/algo paRa koméR*

POLICE

Mémo

La police en Espagne a le droit d'exiger le paiement immédiat des amendes. Si vous acceptez, cela vous coûtera en général 20% de moins.

Nous devrions appeler la police	**Deberíamos llamar a la policía** *débéRi-amoss lyamaR a la poliSi-a*
Où se trouve le commissariat de police?	**¿Dónde está la comisaría (de policía)?** *donndé ésta la komissaRi-a (dé poliSi-a)*
On a forcé la serrure de ma voiture	**Han forzado la cerradura de mi coche** *ann foRSado la SéRRadoura dé mi kotché*
J'ai été volé/J'ai eu un accident	**Me han robado/He tenido un accidente** *mé ann RRobado/é ténido oun akSidennté*
À combien se monte l'amende?	**¿Cuánto es la multa?** *kouannto éss la moulta?*
Où/Comment puis-je la payer?	**¿Dónde/Cómo la pago?** *donndé/komo la pago*
Puis-je la payer dans un commissariat?	**¿Puedo pagarla en una comisaría?** *pouédo pagaRla én ouna komissaRi-a*
Je n'ai pas mon permis de conduire sur moi	**No llevo mi carné de conducir** *no lyévo mi kaRné dé konndouSiR*
Je suis désolé(e), Monsieur l'agent	**Lo siento mucho, señor guardia** *lo siennto moutcho ségnoR gouaRdia*
Je ne connaissais pas le règlement	**No conocía las normas** *no konoSi-a lass noRmass*

Voir aussi **ACCIDENTS, DOUANE ET PASSEPORT, URGENCES**

POURBOIRE

Mémo

Bien que les additions, à l'hôtel comme au restaurant, comprennent généralement le service, il est normal d'ajouter 10% pour le serveur ou le personnel de l'hôtel. C'est également ce qu'on donne aux coiffeurs et aux chauffeurs de taxi. Dans les bars et dans les cafés, il est habituel de laisser la petite monnaie qu'on vous rend. Si l'addition ne précise pas servicio incluido, *laissez 10% à 15%. Les ouvreuses dans les cinémas et les personnes chargées de l'entretien des toilettes s'attendent également à un petit pourboire.*

Je regrette, je n'ai pas de monnaie	**Lo siento, no tengo cambio** *lo si**enn**to no **tenn**go **kamm**bio*
Pouvez-vous me faire la monnaie de… ?	**¿Me puede dar cambio de… ?** *mé pou**é**dé daR **kamm**bio dé…*
Est-ce correct de laisser… de pourboire?	**¿Está bien dar… de propina?** *és**ta** bi**enn** daR… dé pR**o**pina*
Combien dois-je laisser de pourboire?	**¿Cuánto tengo que dar de propina?** *kou**ann**to **tenn**go ké daR dé pR**o**pina*
Le pourboire est-il compris?	**¿Está incluida la propina?** *és**ta** innklou-**i**da la pR**o**pina*
Gardez la monnaie	**Quédese con el cambio** *k**é**déssé konn él **kamm**bio*
Rendez-moi la monnaie sur… pesetas	**Cobre… pesetas** *kobRé… péss**é**tass*

PROBLÈMES

Pouvez-vous m'aider, s'il vous plaît?	**¿Puede ayudarme, por favor?** *Pouédé ayoudaRmé poR faboR*
Qu'est-ce qu'il y a?	**¿Qué pasa?** *ké passa*
Quel est le problème?	**¿Cuál es el problema?** *koual éss él pRobléma*
J'ai des ennuis	**Estoy en un apuro** *éstoï én oun apouRo*
Je ne comprends pas	**No entiendo** *no enntienndo*
Parlez-vous français?	**¿Habla usted francés?** *abla oustéd fRannSéss*
Pouvez-vous répéter, s'il vous plaît?	**¿Puede repetir eso, por favor?** *pouédé répétiR ésso poR faboR*
Je n'ai plus d'argent	**Me he quedado sin dinero** *mé é kédado sinn dinéRo*
Je me suis perdu/Mon fils s'est perdu	**Me he perdido/Mi hijo se ha perdido** *mé é péRdido/mi iHo sé a peRdido*
J'ai oublié mon passeport	**Se me he olvidado el pasaporte** *sé mé é olbidado él passapoRté*
Pouvez-vous me rendre mon passeport, s'il vous plaît?	**¿Me devuelve el pasaporte, por favor?** *mé débouélbé él passapoRté poR faboR*
Où se trouve le consulat de France?	**¿Dónde está el Consulado Francés?** *donndé ésta él konnsoulado fRannSéss*

Voir aussi **ACCIDENTS, POLICE, RÉCLAMATIONS, URGENCES**

PRONONCIATION

Le système de transcription que nous vous proposons vise à se rapprocher le plus possible de la prononciation des sons français. L'accent tonique est indiqué en ***gras***.

Nous avons utilisé le 'H' majuscule pour représenter le son guttural qui se trouve dans des mots comme **jefe** (*Héfé*), **junta** (*Hounnta*) et **Méjico** (*méHico*).

Le 'r' espagnol est toujours roulé, surtout lorsqu'il est double ou qu'il débute un mot. Le 'R' majuscule utilisé dans la transcription vous servira de rappel.

Notez bien :

b et **v**   se prononcent pratiquement de la même façon. Le son est assez proche du *b* français.

d   au début d'un mot, il correspond au *d* français. Entre deux voyelles, il est très légèrement prononcé et, à la fin d'un mot, presque muet.

c   devant *i* et *e* : prononcez un *s* tout en mettant la langue entre les dents. Nous avons transcrit ce son par un *S* majuscule. Voir aussi **z**.

e   se prononce *é*.

g   devant *a*, *o* et *u*, il se prononce comme *gai* en français. Devant *e* et *i*, il correspond au son guttural représenté par *H*. Devant *n*, il conserve sa valeur et se prononce comme *stagnation* en français. Afin d'éviter toute confusion, nous l'avons transcrit par *g-n*.

h   est toujours muet.

j   correspond au son guttural représenté par *H*.

ll   se prononce *ly* comme *million* en français.

ñ   se prononce *gn* comme *oignon* en français.

s   se prononce comme *sable* en français, et jamais comme *rose*.

u   se prononce *ou*, jamais comme le *u* français.

z   Voir **c**. Mais il peut aussi être prononcé comme *ss*.

QUESTIONS

C'est loin?	**¿Está lejos?** *és**ta lé**Hoss*
C'est cher?	**¿Es caro?** *éss **ka**Ro*
Êtes-vous… ?	**¿Es usted… ?** *és ous**téd**…*
Est-ce que vous comprenez?	**¿Comprende usted?** *kom**Renn**dé ous**téd***
Pouvez-vous m'aider?	**¿Puede ayudarme?** *pou**é**dé ayou**daR**mé*
Où y a-t-il une pharmacie?	**¿Dónde hay una farmacia?** ***donn**dé aïe **ou**na fa**R**ma**S**ia*
Où sont les toilettes?	**¿Dónde están los servicios?** ***donn**dé és**tann** loss sé**R**bi**S**ioss*
Quand cela sera-t-il prêt?	**¿Cuándo estará listo?** *kou**annd**o ésta**Ra** li**ss**to*
Comment peut-on s'y rendre?	**¿Cómo se va?** ***ko**mo sé ba*
C'est à quelle distance?	**¿A qué distancia está?** *a ké dis**tann**Sia és**ta***
Y a-t-il un bon restaurant?	**¿Hay un buen restaurante?** *aïe oun bou**enn** RRés**taouRann**té*
Qu'est-ce que c'est?	**¿Qué es esto?** *ké éss **é**sto*
C'est combien?	**¿Cuánto es?** *kou**annt**o éss*

RÉCLAMATIONS

Mémo

Tous les hôtels, les restaurants et les stations-service ont des cahiers de réclamations – hoja de reclamación. Même si vous jugez qu'une addition est trop élevée, vous devez la régler avant de remplir les formulaires de réclamation. Vous gardez une copie de ce formulaire, l'autre est envoyée à la délégation au tourisme à l'échelon régional. Il est évident que ce procédé ne doit être utilisé qu'en cas de plainte sérieuse.

Ça ne marche pas	**Esto no funciona** *ésto no founnSiona*
Je n'arrive pas à éteindre le chauffage	**No puedo apagar la calefacción** *no pouédo apagaR la kaléfakSionn*
Je n'arrive pas à allumer le chauffage	**No puedo encender la calefacción** *no pouédo ennSenndéR la kaléfakSionn*
La serrure est cassée	**La cerradura está rota** *la SéRRadouRa ésta RRota*
Je n'arrive pas à ouvrir la fenêtre	**No puedo abrir la ventana** *no pouédo abRiR la benntana*
La chasse d'eau ne marche pas	**No funciona la cisterna del wáter** *no founnSiona la SistéRna dél batéR*
Il n'y a pas d'eau chaude/de papier hygiénique	**No hay agua caliente/papel higiénico** *no aïe agoua kaliennté/papél iHiéniko*
Le lavabo est sale	**El lavabo está sucio** *él lababo ésta souSio*
Ce café est froid	**Este café está frío** *ésté kafé ésta fRi-o*

RELIGION

Mémo

Le catholicisme est la religion dominante en Espagne, mais, dans les grandes villes, vous pourrez trouver d'autres lieux de culte. Les horaires des offices sont indiqués dans les églises et dans la presse locale. Une tenue décente est exigée pour visiter les églises même en dehors des offices.

Où se trouve l'église la plus proche?	**¿Dónde queda la iglesia más cercana?** *donndé kéda la iglésia mass SéRkana*
Où peut-on trouver un temple protestant?	**¿Dónde hay una iglesia protestante?** *donndé aïe ouna iglésia pRotéstannté*
Je voudrais voir un prêtre	**Quisiera hablar con un sacerdote** *kissiéRa ablaR konn oun saSérdoté*
À quelle heure est la messe?	**¿A qué hora es la misa?** *a ké oRa éss la missa*
À quelle heure est le culte?	**¿A qué hora es el culto?** *a ké oRa éss él koulto*
À quelle heure sont les offices?	**¿A qué hora son los oficios?** *a ké oRa sonn loss ofiSioss*
Je voudrais me confesser	**Quisiera confesarme** *kissiéRa konnféssaRmé*
D'où part la procession de Saint …/de Sainte… ?	**¿De dónde sale la procesión de San…/de Santa… ?** *dé donndé salé la pRoSéssionn dé sann…/dé sannta…*
Peut-on visiter la chapelle/l'abbaye/ le monastère?	**¿Se puede visitar la capilla/la abadía/el monasterio?** *sé pouédé bissitaR la kapilya/la abadi-a/él monastério*

RÉPARATIONS

J'ai cassé un verre/la vitre	**He roto un vaso/el cristal** *é **RR**oto oun **ba**sso/él kris**tal***
Il y a un trou à ma chaussure	**Mi zapato está agujereado** *mi Sa**pa**to ésta agouHéRé**a**do*
Il y a un trou à ce pantalon	**Esté pantalón está agujereado** *ésté pannta**lonn** ésta agouHéRé**a**do*
C'est cassé/déchiré	**Esto está roto/rasgado** *ésto ésta **RR**oto/**RR**asgado*
Est-ce que vous pouvez réparer ça?	**¿Podría arreglar esto?** *pod**Ri**-a a**RRé**glaR ésto*
Quand cela sera-t-il prêt?	**¿Para cuándo estará listo?** *pa**Ra** kouan**n**do ésta**Ra** lissto*
J'ai besoin de colle/ de ruban adhésif/ d'une épingle de nourrice	**Necesito pegamento/cinta adhesiva/un imperdible** *néSé**ss**ito péga**mennto/Sinn**ta adé**ss**iba/oun immpéR**di**blé*
Pouvez-vous refaire les talons de ces chaussures?	**¿Puede poner tapas a estos zapatos?** *pouédé ponéR tapass a éstoss Sapatoss*
Pouvez-vous le faire rapidement?	**¿Puede hacérmelo rápidamente?** *pouédé a**Sé**Rmélo **RR**apida**mennté***
La poignée est partie	**Se le ha caído el asa** *sé lé a ka-ido él assa*
Ça s'est décousu	**Se ha descosido** *sé a désskossido*
La vis ne tient plus	**El tornillo se cae** *él toRnilyo sé kaé*

Voir aussi **ACCIDENTS, PANNES, URGENCES**

RESTAURANT 1

Mémo

Les restaurants espagnols sont classés en cinq catégories (de une à cinq fourchettes). Les menus à prix fixes sont souvent bons mais il est déconseillé de prendre les menus dits touristiques – menus turísticos – précisément dans les lieux très touristiques.

Y a-t-il un café/un restaurant près d'ici?	**¿Hay algún café/algún restaurante por aquí cerca?** *aïe al**goun** ka**fé**/al**goun** RRésta-ou**Rann**té poR a**ki SéR**ka*
Une table pour quatre, s'il vous plaît	**Una mesa para cuatro, por favor** *ou**na mé**ssa pa**Ra** kouat**Ro** poR fa**boR***
Pouvons-nous voir la carte?	**¿Nos trae la carta?** *noss t**Ra**é la **kaR**ta*
Avez-vous un menu?	**¿Tienen menú?** *tié**nenn mé**nou**
Avez-vous un menu enfant?	**¿Tienen un menú especial para niños?** *tié**nenn oun mé**nou** éspé**Si**al pa**Ra** ni**gn**oss*
Donnez-nous le plat du jour, s'il vous plaît	**Tráiganos el plato del día, por favor** *t**Ra**ïganoss él **pla**to dél **di**-a poR fa**boR***
Nous prendrons le plat du jour à… pesetas	**Tráiganos el plato del día de… pesetas** *t**Ra**ïganoss él **pla**to dél **di**-a dé… pé**ss**étass*
Pourriez-vous nous apporter du pain/de l'eau?	**¿Podría traernos pan/agua?** *pod**Ri**-a tRa**éR**noss pann/**a**goua*
Nous voudrions de l'eau minérale	**Queremos agua mineral** *ké**Ré**moss **a**goua miné**Ral***

RESTAURANT 2

Pourriez-vous nous apporter la carte des vins?	**¿Nos trae la carta de vinos, por favor?** *noss tRaé la karta dé binoss poR faboR*
Que nous recommandez-vous?	**¿Qué nos recomienda usted?** *ké noss RRékomiennda oustéd*
Y a-t-il une spécialité locale?	**¿Hay alguna especialidad local?** *aïe algouna éspéSialidad lokal*
Avec quoi ce plat est-il servi?	**¿Con qué se sirve este plato?** *konn ké sé siRbé ésté plato*
Comment ce plat est-il préparé?	**¿Qué tiene este plato?** *ké tiéné ésté plato*
Est-il servi avec des légumes?	**¿Va incluida la verdura?** *ba innklou-ida la béRdouRa*
Saignant, s'il vous plaît	**Poco hecho, por favor** *poko étcho poR faboR*
À point, s'il vous plaît	**Medianamente hecho, por favor** *médianamennté étcho poR faboR*
Bien cuit, s'il vous plaît	**Muy hecho, por favor** *mouï étcho poR faboR*
Nous voudrions un dessert/un café, s'il vous plaît	**Quisiéramos algo de postre/un café, por favor** *kissiéRamoss algo dé postRé/oun kafé poR faboR*
L'addition, s'il vous plaît	**La cuenta, por favor** *la kouennta poR faboR*
Le service est-il compris?	**¿Va incluído el servicio?** *ba innklou-ido él séRbiSio*

Voir aussi **BOISSONS, PAYER, VINS ET ALCOOLS**

EN ROUTE

Mémo

Comme en France, le véhicule qui vient de droite a la priorité. La vitesse est limitée à 60 km/h dans les agglomérations, 90 km/h sur les routes et 120 km/h sur les autoroutes.

Quelle est la limitation de vitesse sur cette route?	**¿Cuál es el límite de velocidad en esta carretera?** *koual éss él limité dé béloSidad én ésta karrétéRa*
Est-ce une autoroute à péage?	**¿Es de peaje esta autopista?** *éss dé péaHé ésta a-outopista*
Y a-t-il un raccourci?	**¿Hay algún atajo?** *aïe algoun ataHo*
Où puis-je me garer?	**¿Dónde puedo aparcar?** *donndé pouédo apaRkaR*
Y a-t-il un parking près d'ici?	**¿Hay algún aparcamiento por aquí cerca?** *aïe algoun apaRkamiennto poR aki SéRka*
Peut-on se garer ici?	**¿Se puede aparcar aquí?** *sé pouédé apaRkaR aki*
A-t-on besoin d'un disque de stationnement?	**¿Hace falta ficha de estacionamiento?** *aSé falta fitcha dé éstaSionamiennto*
Combien de temps puis-je rester ici?	**¿Cuánto tiempo puedo quedarme aquí?** *kouannto tiemmpo pouédo kédaRmé aki*
Quel est le tarif pour une heure?	**¿Cuál es la tarifa por una hora?** *koual éss la tarifa poR ouna oRa*

Voir aussi **ACCIDENTS, PANNES, POLICE, STATION-SERVICE**

SALUTATIONS

Mémo

En espagnol, comme en français, il existe une forme de politesse : tú n'est utilisé que si on connaît très bien la personne à laquelle on s'adresse, sinon on utilise usted (vous). Pour dire bonjour entre le déjeuner et le coucher du soleil, on utilise buenas tardes. Buenas noches ne s'utilise que la nuit soit pour saluer quelqu'un 'Bonsoir', soit pour lui dire 'Au revoir' lorsqu'on le quitte.

Salut/Bonjour	**Hola/Buenos días** *o*la/bou**é**noss **di**-ass
Bonsoir/Bonne nuit	**Buenas noches** *bou**é**nass **not**chéss*
Bonsoir *(dans l'après-midi)*	**Buenas tardes** *bou**é**nass **taR**déss*
Enchanté	**Mucho gusto** ***mou**tcho **gous**to*
Comment ça va?	**¿Qué tal?** *ké tal*
Comment allez-vous?	**¿Cómo está usted?** ***ko**mo és*ta *ous**téd***
Très bien, merci. Et vous?	**Muy bien, gracias. ¿Y usted?** *mouï bi**enn** g**Ra**Siass. y oustéd*
À tout à l'heure	**Hasta luego** ***as**ta lou**é**go*
À bientôt	**Hasta pronto** ***as**ta p**Ronn**to*
Au revoir	**Adiós** *adi**oss***

SERVICE D'ÉTAGE

Entrez!	**¡Pase!** *passé*
Nous voudrions le petit déjeuner dans notre chambre	**¿Nos trae el desayuno a nuestra habitación?** *noss t**R**aé él déssayouno a nou**é**st**R**a abitaSi**onn***
Nous voudrions une bouteille de vin dans notre chambre	**¿Nos trae una botella de vino a nuestra habitación?** *noss t**R**aé **ou**na botélya dé **b**ino a nou**é**st**R**a abitaSi**onn***
Mettez-le sur ma note	**Póngalo en mi cuenta** *po**nn**galo én mi kou**e**nnta*
Pourrais-je avoir un numéro à l'extérieur?	**¿Podría darme línea para llamar?** *pod**R**i-a da**R**mé linéa pa**R**a lyama**R***
J'ai perdu ma clé	**He perdido la llave** *é pé**R**dido la **ly**abé*
J'ai oublié ma clé dans ma chambre	**Me he dejado la llave en la habitación** *mé é dé**H**ado la **ly**abé én la abitaSi**onn***
Puis-je avoir une autre couverture?	**¿Puede darme otra manta?** *pou**é**dé da**R**mé ot**R**a ma**nn**ta*
Puis-je avoir un oreiller de plus?	**¿Puede darme una almohada más?** *pou**é**dé da**R**mé **ou**na almoada mass*
La télé/La radio ne marche pas	**No funciona el televisor/la radio** *no founnSiona él télébiss**oR**/la **RR**adio*
Pourriez-vous envoyer quelqu'un prendre mes bagages, s'il vous plaît?	**¿Me manda a alguien para recoger mi equipaje, por favor?** *mé ma**nn**da a alguie**nn** pa**R**a **RR**éko**H**é**R** mi ékipa**H**é po**R** fabo**R***

Voir aussi **À L'HÔTEL, NETTOYAGE, RÉCLAMATIONS, TÉLÉPHONE**

SORTIR LE SOIR

Mémo

Le prix de l'entrée dans les discothèques et les boîtes de nuit inclut généralement une boisson.

Que peut-on faire ici le soir?	**¿Qué se puede hacer aquí por las noches?** *ké sé pouédé aSéR aki poR lass notchéss*
Où peut-on assister à un spectacle de cabaret?	**¿Dónde podemos ir a ver un cabaret?** *donndé podémoss iR a béR oun kabaré*
Où peut-on aller danser?	**¿Dónde podemos ir a bailar?** *donndé podémoss iR a baïlaR*
Y a-t-il de bonnes boîtes de nuit/de bonnes discothèques?	**¿Hay buenas salas de fiestas/buenas discotecas?** *aïe buénass salass de fiesstass/buénass disskotékas*
Comment se rend-on au casino?	**¿Cómo se puede ir al casino?** *komo sé pouédé iR al kassino*
Doit-on être membre?	**¿Hace falta ser socio?** *aSé falta séR soSio*
Combien coûte l'entrée?	**¿Cuánto cuesta la entrada?** *kouannto kouésta la enntRada*
Nous voudrions réserver deux places pour ce soir	**Quisiéramos reservar dos butacas para esta noche** *kissiéRamoss RRésséRbaR doss boutakass paRa ésta notché*
Y a-t-il un bar/un restaurant?	**¿Hay algún bar/restaurante?** *aïe algoun baR/RRésta-ouRannté*
Que passe-t-on au cinéma?	**¿Qué película ponen en el cine?** *ké pélikoula ponenn én él Siné*

Voir aussi **DISTRACTIONS, RESTAURANT**

SPORTS

Quels sports peut-on pratiquer ici?	**¿Qué deportes pueden practicarse aquí?** ké dé**po**R**téss** pou**é**denn prakti**ka**Rssé a**ki**
Peut-on pêcher?	**¿Se puede pescar?** sé pou**é**dé pés**ka**R
Peut-on faire de l'équitation?	**¿Se puede montar a caballo?** sé pou**é**dé monn**ta**R a ka**ba**lyo
Où pouvons-nous jouer au tennis/au golf?	**¿Dónde podemos jugar al tenis/al golf?** **donn**dé po**dé**moss Hou**ga**R al **té**niss/al golf
Où y a-t-il une piscine?	**¿Dónde hay piscina?** **donn**dé aïe pis**Si**na
Est-ce qu'il y a des promenades intéressantes à faire près d'ici?	**¿Hay algún itinerario interesante para pasear por aquí cerca?** aïe al**goun** itiné**Ra**Rio innté**Ré**ssannté pa**Ra** passé**a**R poR a**ki** Sé**R**ka
Pouvons-nous louer le matériel?	**¿Podemos alquilar el equipo?** po**dé**moss alki**la**R él é**ki**po
C'est combien de l'heure?	**¿A cuánto es la hora?** a kou**ann**to éss la o**Ra**
Doit-on être membre (du club)?	**¿Hace falta ser socio?** a**Sé fal**ta séR so**Si**o
Où peut-on acheter les billets?	**¿Dónde podemos sacar los tiques?** **donn**dé po**dé**moss sa**ka**R los **ti**késs
Peut-on prendre des leçons?	**¿Dan clases?** dann **kla**sséss

Voir aussi **DISTRACTIONS, PLAGE, SPORTS D'HIVER/NAUTIQUES**

SPORTS D'HIVER

Peut-on louer des skis ici?	**¿Se puede alquilar esquís aquí?** *sé puédé alkilaR éskiss aki*
Pourriez-vous régler mes fixations?	**¿Me puede ajustar las ataduras?** *mé pouédé aHoustaR lass atadouRass*
Quelles sont les conditions d'enneigement?	**¿Cuál es el estado de la nieve?** *koual éss él éstado dé la niébé*
Y a-t-il un restaurant en haut des pistes?	**¿Hay un restaurante en lo alto de las pistas?** *aïe oun RRésta-ouRannté én lo alto dé lass pistass*
Quelles sont les pistes les plus faciles?	**¿Cuáles son las pistas más fáciles?** *koualéss sonn lass pistass mass faSiléss*
À quelle heure part la dernière remontée mécanique?	**¿A qué hora es la última subida?** *a ké oRa éss la oultima soubida*
Y a-t-il des risques d'avalanche?	**¿Hay peligro de aludes?** *aïe péligRo dé aloudéss*
La neige est-elle très glacée/dure?	**¿Está la nieve muy helada/dura?** *ésta la niébé mouï élada/douRa*
Où peut-on faire du patin à glace?	**¿Dónde podemos practicar patinaje sobre hielo?** *donndé podémoss pRaktikaR patinaHé sobRé iélo*
Y a-t-il une piste pour faire de la luge?	**¿Hay una pista para trineos?** *aïe ouna pista paRa tRinéoss*

SPORTS NAUTIQUES

Peut-on faire du ski nautique ici?	**¿Se puede hacer aquí esquí acuático?** *sé pouédé aSèR aki éski akouatiko*
Peut-on faire de la planche à voile ici?	**¿Se puede hacer aquí windsurfing?** *sé pouédé aSèR aki winnssouRfinn*
Peut-on louer un canot à moteur?	**¿Podemos alquilar una motora?** *podémoss alkilaR ouna motoRa*
Est-ce que je peux louer une planche à voile?	**¿Puedo alquilar una tabla de windsurfing?** *pouédo alkilaR ouna tabla dé winnssouRfinn*
La baignade est-elle autorisée dans la rivière?	**¿Se puede nadar en el río?** *sé pouédé nadaR én él RRi-o*
Peut-on pêcher ici?	**¿Se puede pescar aquí?** *sé pouédé péskaR aki*
Où est la piscine municipale?	**¿Dónde está la piscina municipal?** *donndé ésta la pisSina mouniSipal*
La piscine est-elle chauffée?	**¿Está climatizada la piscina?** *ésta klimatiSada la pisSina*
Est-ce une piscine en plein air?	**¿Es una piscina al aire libre?** *éss ouna pisSina al aïré libRé*
Y a-t-il un bassin de jeux pour les enfants?	**¿Hay una piscina de recreo para los niños?** *aïe ouna pisSina dé RRékréo para loss nignoss*
Donnez-vous des leçons?	**¿Dan clases?** *dann klasséss*

Voir aussi **PLAGE**

STATION-SERVICE

Vingt litres d'ordinaire	**Veinte litros de normal** *béinnté litRoss dé noRmal*
Mille pesetas de super	**Mil pesetas de súper** *mil péssétass dé soupéR*
Le plein, s'il vous plaît	**Lleno, por favor** *lyéno poR faboR*
Vérifiez le niveau d'huile	**Revíseme el aceite** *RRébissémé él aSéïté*
Vérifiez le niveau d'eau	**Revíseme el agua** *RRébissémé él agoua*
Remplissez le réservoir du lave-glace	**Relléneme el depósito del limpiaparabrisas** *Rélyénémé él dépossito dél limmpiapaRabRissass*
Pourriez-vous nettoyer le pare-brise?	**¿Podría limpiarme el parabrisas?** *podRi-a limmpiaRmé él paRabRissass*
Où est le gonfleur pour les pneus?	**¿Dónde se inflan las ruedas?** *donndé sé innflann lass RRouédas*
Un bidon d'huile/ d'essence	**Una lata de aceite/de gasolina** *ouna lata dé aSéïté/dé gassolina*
Comment marche la station de lavage?	**¿Cómo funciona el lavado automático?** *como founnSiona él labado a-outomatiko*

Voir aussi **PAYER, EN ROUTE**

TAXIS

Mémo

Vous pouvez soit héler un taxi, soit aller jusqu'à une station. Le chauffeur s'attend généralement à un pourboire de 10%. Les tarifs sont plus élevés la nuit et les week-ends et il y a un supplément à payer pour les bagages.

Pouvez-vous m'appeler un taxi?	**¿Puede llamar a un taxi?** *pouédé lyamaR a oun taxi*
À la gare, s'il vous plaît	**A la estación, por favor** *a la éstaSionn poR faboR*
À l'aéroport, s'il vous plaît	**Al aeropuerto, por favor** *al aéRopouèRto poR faboR*
Conduisez-moi à cette adresse	**Lléveme a esta dirección** *lyébémé a ésta dirékSionn*
Ça coûtera combien?	**¿Cuánto va a costar?** *kouannto ba a kosstaR*
Je suis pressé(e)	**Tengo prisa** *tenngo pRissa*
Pouvez-vous attendre ici deux minutes?	**¿Puede esperar aquí dos minutos?** *pouédé éspéRaR aki doss minoutoss*
Arrêtez-vous ici, s'il vous plaît	**Pare aquí, por favor** *paRé aki poR faboR*
Arrêtez-vous au coin, s'il vous plaît	**Pare en la esquina, por favor** *paRé én la éskina poR faboR*
Ça fait combien?	**¿Cuánto es?** *kouannto éss*
Gardez la monnaie	**Quédese con el cambio** *kédéssé konn él kammbio*

TÉLÉPHONE

Mémo

Le moyen le plus simple – mais le plus onéreux – de téléphoner est de le faire depuis votre hôtel. Vous pouvez aussi vous rendre à una central telefónica. Vous avez besoin de pièces de 5, 25 et 100 pesetas pour utiliser les téléphones des cabines publiques. Pour obtenir l'international, composez le 07 avant l'indicatif du pays. L'indicatif de la France est le 33.

Je voudrais téléphoner	**Quiero hacer una llamada telefónica** *kiéRo aSèR ouna lyamada téléfonika*
Puis-je avoir la ligne, s'il vous plaît?	**¿Puede darme línea, por favor?** *pouédé daRmé linéa poR faboR*
C'est le numéro…	**Es el número…** *éss él nouméRo…*
Je voudrais appeler en PCV	**Quiero llamar a cobro revertido** *kiéRo lyamaR a kobRo RRébéRtido*
Avez-vous de la monnaie pour le téléphone?	**¿Tiene monedas para el teléfono?** *tiéné monédass paRa él téléfono*
De quelles pièces ai-je besoin?	**¿Qué monedas necesito?** *ké monédass néSéssito*
Combien ça coûte pour appeler la France/la Belgique/ la Suisse/le Canada?	**¿Cuánto cuesta llamar por teléfono a Francia/a Bélgica/a Suiza/al Canadá?** *kouannto kouésta lyamaR poR téléfono a fRannSia/a bélHika/a souiSa/a kanada*
Il n'y a personne	**No contestan** *no konntéstann*
C'est occupé	**Está comunicando** *ésta komounikanndo*

TÉLÉPHONE

Allô, c'est…
Oiga, soy…
oïga soï…

Puis-je parler à… ?
¿Podría hablar con… ?
podRi-a ablaR konn…

J'ai été coupé
Se ha cortado
sé a koRtado

La ligne est mauvaise
Está mal la línea
ésta mal la linéa

VOTRE CORRESPONDANT PEUT VOUS DIRE :

Le pongo
*lé **pon**ngo*

Je vous passe votre correspondant

No cuelgue
*no kou**él**gué*

Ne raccrochez pas

Un momento, por favor
*oun mo**menn**to poR fa**boR***

Un moment, s'il vous plaît

Lo siento, está comunicando
*lo si**enn**to, esta komouni**kann**do*

Je regrette, c'est occupé

Inténtelo más tarde
*inn**tenn**télo mass **taR**dé*

Veuillez rappeler plus tard

¿De parte de quién?
*dé **paR**te dé ki**enn***

De la part de qui?

Perdone, se ha equivocado de número
*pé**R**do**n**é sé a ékibo**ka**do dé **nou**mé**Ro***

Désolé, vous vous êtes trompé de numéro

TOILETTES

Mémo

Les toilettes publiques sont peu nombreuses en Espagne, aussi est-il habituel d'utiliser celles des bars, des restaurants et des stations-service. Il est normal de laisser un pourboire d'au moins 25 ptas à la personne qui s'occupe des toilettes.

Où sont les toilettes messieurs/dames?	**¿Dónde están los servicios de caballeros/de señoras?** *donndé éstann loss séRbiSioss dé kabalyéRoss/dé ségnoRass*
Faut-il payer?	**¿Hay que pagar?** *aïe ké pagaR*
Cette chasse d'eau ne marche pas	**Esta cisterna no funciona** *ésta SistéRna no founnSiona*
Il n'y a pas de papier hygiénique/de savon	**No hay papel higiénico/jabón** *no aïe papél iHiéniko/Habonn*
Doit-on payer pour utiliser le lavabo?	**¿Tengo que pagar para usar el lavabo?** *tenngo ké pagaR paRa oussaR él lababo*
Y a-t-il des toilettes pour handicapés?	**¿Hay wáter especial para minusválidos?** *aïe batéR éspéSial paRa minousbalidoss*
Y a-t-il une salle pour les mères qui allaitent?	**¿Hay alguna sala para madres lactantes?** *aïe algouna sala paRa madRéss laktanntéss*
Il n'y a plus d'essuie-mains	**Se han acabado las toallas** *sé ann akabado lass toalyass*
La porte ne ferme pas	**No se puede cerrar la puerta** *no sé pouédé SéRRaR la pouéRta*

TOURISME

Mémo

Les Espagnols entrent généralement gratuitement dans les musées mais les étrangers doivent payer un droit d'entrée. Le plus souvent, il y a des réductions pour les étudiants.

Qu'y a-t-il d'intéressant à voir par ici?	**¿Qué cosas interesantes se pueden ver por aquí?** *ké ko**ss**ass inntéRé**ss**annté**ss** sé pouédenn béR poR a**ki***
Pour aller à la cathédrale?	**¿Por dónde se va a la catedral?** *poR **donn**dé sé ba a la katé**dR**al*
Où est le musée/la grand-place?	**¿Dónde está el museo/la plaza mayor?** ***donn**dé é**s**ta él mou**ss**éo/la pla**S**a maïoR*
À quelle heure la visite guidée commence-t-elle?	**¿A qué hora empieza la visita guiada?** *a ké **o**Ra emmpié**S**a la bi**ss**ita gui-ada*
À quelle heure le musée ouvre-t-il?	**¿A qué hora abre el museo?** *a ké **o**Ra abRé él mou**ss**éo*
Le château est-il ouvert au public?	**¿Está abierto al público el castillo?** *é**s**ta abié**R**to al **pou**bliko él kastilyo*
Combien coûte l'entrée?	**¿Cuánto cuesta la entrada?** *kouannto kou**é**sta la enntrada*
Y a-t-il des tarifs réduits pour les enfants?	**¿Hay tarifa reducida para niños?** *aïe ta**R**ifa **RR**édou**S**ida pa**R**a **ni**gno**ss***
Y a-t-il des tarifs réduits pour le troisième âge?	**¿Hay tarifa reducida para jubilados?** *aïe ta**R**ifa **RR**édou**S**ida pa**R**a Houbilado**ss***
Peut-on prendre des photos ici?	**¿Podemos hacer fotos aquí?** *podémo**ss** a**SéR** foto**ss** aki*

Voir aussi **CARTES ET GUIDES, EXCURSIONS**

TRAIN

Mémo

Les trains sont classés de la façon suivante :

TALGO :	*train rapide de luxe avec supplément*
TER :	*train rapide de grandes lignes avec supplément*
Rápido/Expreso :	*train de grandes lignes mais avec de nombreux arrêts. Le rápido marche de jour, l'expreso de nuit.*
Tranvía/Automotor :	*micheline et train omnibus.*

Il existe des périodes bleues, 'jours bleus' – días azules –, comme en France, où il y a des possibilités de réduction. Renseignez-vous dans les gares.

Est-ce le train pour… ?	**¿Es éste el tren de… ?** *éss ésté él tRénn dé…*
Cette place est-elle libre?	**¿Está libre este asiento?** *ésta libRé ésté assiennto*
J'ai une place réservée	**Tengo reservado un asiento** *tenngo RRéssérbado oun assiennto*
À quelle heure arrivons-nous à… ?	**¿A qué hora llegamos a… ?** *a ké oRa lyégamoss a…*
Est-ce que nous nous arrêtons à… ?	**¿Paramos en… ?** *paRamoss én…*
Où dois-je changer pour… ?	**¿Dónde tengo que hacer transbordo para… ?** *donndé tenngo ké aSèR tRannsboRdo paRa…*
Y a-t-il un wagon-restaurant/une voiture-bar dans ce train?	**¿Tiene vagón-restaurante/cafetería este tren?** *tiéné bagonn-RRéstaouRannté/kafétéRi-a ésté tRénn*

Voir aussi **BAGAGES, GARE**

TRANSPORTS URBAINS

Mémo

Vous devez acheter votre billet une fois monté dans le bus ou bien à la station de métro. Vous pouvez aussi acheter dans les bureaux de tabac une carte qui vous permet de faire plusieurs voyages en bus – Bonobús – ou en métro – Bonometro.

Est-ce que ce bus/ce train va à… ?	**¿Va este autobús/tren a… ?** *ba **é**sté a-auto**bous**s/t**Rénn** a…*
D'où part le bus pour la cathédrale/l'aéroport?	**¿Dónde se coge el autobús para ir a la catedral/al aeropuerto?** *donndé sé **ko**Hé él a-auto**bous**s pa**R**a i**R** a la kate**dral**/al aéropou**è**Rto*
Quel est le numéro du bus qui va à… ?	**¿Cuál es el número del autobús que va a… ?** *kou**al** éss él **nou**mé**R**o dél a-auto**bous**s ké ba a…*
Où dois-je changer?	**¿Dónde tengo que cambiar?** *donndé **tenn**go ké kammbia**R***
Où dois-je descendre?	**¿Dónde tengo que bajarme?** *donndé **tenn**go ké ba**HaR**mé*
Quelle est la fréquence des bus/trains en direction du centre?	**¿Con qué frecuencia pasan los autobuses/trenes al centro?** *konn ké f**R**ékou**enn**Sia **pa**ssann loss a-auto**bou**ssés/**tRé**néss pa**R**a él **Senn**t**R**o*
Combien coûte un aller pour le centre-ville?	**¿Cuánto vale ir al centro?** *kou**ann**to ba**lé** i**R** al **Senn**t**R**o*
Où se trouve la station de métro la plus proche?	**¿Dónde queda la estación de metro más próxima?** *donn**d**é **ké**da la ésta**Si**onn dé **mé**t**R**o mass **prok**sima*

85

URGENCES

Mémo

Composez le 091 pour obtenir la Policía Nacional *et le 092 pour obtenir la* Policía Municipal. *Le numéro des pompiers varie d'une région à l'autre. Les services d'ambulances sont des services privés. Appelez la police en cas d'urgence, elle vous fera envoyer de l'aide.*

Il y a le feu!	**¡Hay fuego!** *aïe fouégo*
Appelez un docteur/ une ambulance!	**¡Llame a un médico/a una ambulancia!** *lyamé a oun médiko/a ouna ammboulannSia*
Il faut l'emmener à l'hôpital	**Tenemos que llevarlo al hospital** *ténémoss ké lyébaRlo al ospital*
Allez chercher de l'aide, vite!	**Vaya a buscar ayuda, ¡de prisa!** *baya a bouskaR ayouda dé pRissa*
Appelez la police/ les pompiers!	**¡Llame a la policía/a los bomberos!** *lyamé a la poliSi-a/a loss bommbéRoss*
Où est le commissariat le plus proche?	**¿Dónde queda la comisaría más próxima?** *donndé kéda la komissaRi-a mass pRoksima*
Où est l'hôpital le plus proche?	**¿Dónde queda el hospital más próximo?** *donndé kéda él ospital mass pRoksimo*
J'ai perdu ma carte de crédit/mon sac	**He perdido la tarjeta de crédito/el bolso** *é péRdido la taRHéta dé kRédito/él bolsso*
Mon fils/Mon portefeuille a disparu	**Se me ha perdido mi hijo/la cartera** *sé mé a péRdido mi iHo/la kaRtéRa*
On m'a volé mon passeport/ma montre	**Me han robado el pasaporte/el reloj** *mé ann RRobado él passapoRté/él RRéloH*

Voir aussi **ACCIDENTS, DENTISTE, MÉDECIN, PANNES**

VÊTEMENTS

Je fais du 40
Uso la talla cuarenta
ousso la talya kouaRénnta

Pouvez-vous prendre mes mesures, s'il vous plaît?
¿Puede tomarme las medidas, por favor?
pouédé tomaRmé lass médidass poR faboR

Puis-je essayer cette robe?
¿Puedo probarme este vestido?
pouédo pRobaRmé ésté béstido

Puis-je le regarder à la lumière du jour?
¿Puedo mirar a la luz del día?
pouédo miRaR a la louS dél di-a

Où sont les cabines d'essayage?
¿Dónde están los probadores?
donndé éstann loss pRobadoRéss

Y a-t-il une glace?
¿Hay algún espejo?
aïe algoun éspéHo

C'est trop grand
Es demasiado grande
éss démassiado gRanndé

C'est trop petit
Es demasiado pequeño
éss démassiado pékégno

Qu'est-ce que c'est comme tissu?
¿Qué tejido es?
ké téHido éss

Est-ce lavable?
¿Es lavable?
éss labablé

Ça ne me plaît pas
No me gusta
no mé gousta

Je n'aime pas la couleur/la coupe
No me gusta el color/el corte
no me gousta él koloR/él koRté

VINS ET ALCOOLS

Pratiquement toutes les régions d'Espagne produisent du vin, le plus souvent de très bonne qualité. Les plus connus sont le Rioja et le Penedés, mais en voici quelques-uns qui valent aussi la peine d'être goûtés :

Valdepeñas :	vins rouges et blancs du centre de l'Espagne
Alella :	vins fruités de la région est
Navarra :	vins rouges de la région nord, près de Rioja
Monterrey :	vins de la région frontalière avec le Portugal
Ribeiro :	vins jeunes qui se rapprochent du *vinho verde*
Yecla :	vins rouges corsés de la région sud-est
Valencia :	vins rouges corsés
Málaga :	vins de dessert

Comme tous les pays producteurs de vins, l'Espagne applique un système de contrôle de qualité assez semblable à celui que l'on trouve en France. Il existe donc des vins à *denominación de origen (DO)* [≈ appellation d'origine contrôlée]. Le terme *reserva* indique qu'il s'agit d'un vin déjà vieux et *gran reserva* que le vin a au moins huit ans.

L'Espagne est aussi le pays du xérès ou jerez (*Hé**ReS***) et, si vous voyagez dans la région de Jerez, ne manquez pas d'en goûter toutes les variétés. En été, rafraîchissez-vous avec de la *sangría*, un punch de vin rouge, servi frais avec des fruits et des glaçons.

Vous pouvez trouver la plupart des marques d'alcool; si vous voulez essayer quelque chose de plus spécifiquement espagnol, commandez un verre d'*aguardiente* (*agouaRdiennté*) qui est une eau-de-vie.

Les termes suivants pourront vous être utiles :

Vins

vino tinto/blanco/rosado/espumoso	vin rouge/blanc/rosé/mousseux
vino de mesa/de la casa/cava	vin de table/de la maison/mousseux
vino dulce/seco/generoso	vin doux/sec/de dessert

Xérès

amontillado/fino/oloroso	demi-sec/sec/doux

VINS ET ALCOOLS

Nous aimerions prendre un apéritif	**¿Nos trae un aperitivo, por favor?** *noss tra*é *oun apéRitibo poR fa****b****oR*
Pourrais-je avoir la carte des vins, s'il vous plaît?	**¿Me trae la carta de vinos, por favor?** *mé* ***t****Ra*é *la* ***k****a****R****ta dé* ***b****inoss poR fa****b****oR*
Pourriez-vous nous recommander un bon vin rouge/blanc/rosé?	**¿Podría recomendarnos un buen tinto/blanco/rosado?** *po****d****Ri-a RRékomenn****d****a****R****noss oun bou****enn tinn****to/****blann****ko/RRo****ss****ado*
Une bouteille de la cuvée du patron	**Una botella de vino de la casa** *ouna bo****t****élya dé* ***b****ino dé la* ***k****assa*
Un pichet de la cuvée du patron	**Una jarra de vino de la casa** *ouna* ***H****a****RR****a dé* ***b****ino dé la* ***k****assa*
Une demi-bouteille de...	**Media botella de...** *média bo****t****élya dé...*
Pourriez-vous nous apporter un autre verre, s'il vous plaît?	**¿Podría traernos otro vaso, por favor?** *po****d****Ri-a tRaé****R****noss otRo* ***b****asso poR fa****b****oR*
Ce vin n'est pas assez frais	**Este vino no está fresco** *ésté* ***b****ino no és****t****a* ***f****Résko*
Qu'est-ce que vous avez comme liqueurs/alcools?	**¿Qué licores/alcoholes tienen?** *ké liko****R****éss/al****k****oless ti****é****nenn*
Je prendrai un cognac/un whisky	**Quisiera un coñac/un whisky** *kissié****R****a oun ko****gnak****/oun* ***w****iski*
Un gin tonic/Un Martini sec	**Un gin tonic/Un Martini seco** *oun ginn* ***t****onik/oun ma****R****tini* ***s****éko*

Voir aussi **BOISSONS, MENUS, RESTAURANT**

VOCABULAIRE FRANÇAIS-ESPAGNOL

A – ALL

a : il/elle a tiene *tiéné*

à *(direction)* a *a*; *(position)* en *énn*;
à six heures a las seis *a lass séïss*

abbaye la abadía *aba**di**-a*

abricot el albaricoque *alba**Ri**koké*

accélérateur el acelerador
*a**Sé**léRa**doR***

accepter aceptar *a**Sép**taR*

accès la entrada *enn**Tra**da*

accident el accidente *ak**Si**dennté*

accompagnement el plato
adicional *pla**to** adi**Sio**nal*

achat la compra *komm**Ra*

acheter comprar *komm**PraR***

acompte el adelanto *adé**lannto***

activité la actividad *akti**bi**dad*

adaptateur el adaptador *adapta**doR***

addition la cuenta *kouennta*

adresse la dirección *diRékSionn*

adulte el adulto *adoulto*

aérogare la terminal *tèRminal*

aéroport el aeropuerto
aéRopouèRto

affaires los negocios *négoSioss*; **mes
affaires** mis cosas *miss kossass*

affreux terrible *téRRiblé*

afin de para *paRa*

âge la edad *édad*; **quel âge avez-
vous?** ¿qué edad tiene usted? *ké
édad tiéné oustéd*

âgé de... de... años de edad *dé...
agnoss dé édad*

agence la agencia *a**Henn**Sia*;
agence de voyages la agencia de
viajes *a**Henn**Sia dé bia**Héss***

agenda el agenda *a**Henn**da*

agent de police el policía *poli**Si**-a*

agneau el cordero *koRdéRo*

agrandissement la ampliación
ammpliaSionn

ai : j'ai tengo *tenngo*

aide la ayuda *ayouda*

aider ayudar *ayoudaR*

aiguille la aguja *agouHa*

ail el ajo *aHo*

aimable amable *amablé*

aimer : j'aime... me gusta... *mé
gousta...*

air el aire *aïRé*; **en plein air** al
aire libre *al aïRé libRé*

aire el área *aRéa*; **aire de repos**
la zona de descanso *Sona dé
desskannso*; **aire de stationnement** la
zona de estacionamiento *Sona dé
éstaSionamiennto*

alcool el alcohol *alkol*;
alcool à brûler el alcohol
desnaturalizado *alcol
desnatouRaliSado*;
sans alcool sin alcohol *sinn alkol*

**alimentation : magasin
d'alimentation** la tienda de
comestibles *tiennda dé kométibléss*

aliments la comida *komida*

Allemagne Alemania *alémania*

allemand alemán (alemana)
allémann (allémana)

aller ir *iR*; **comment ça va?** ¿qué
tal? *ké tal*; **aller et retour** ida y
vuelta *ida i bouélta*; **aller (simple)**
ida *ida*

allergique alérgico(a) *aléRHiko(a)*

allô *(celui qui répond)* ¡diga! *diga*;
(celui qui appelle) ¡oiga! *oïga*

allumage el encendido
ennSenndido

allumer encender *ennSenndèR*

ALL – APR

VOCABULAIRE FRANÇAIS-ESPAGNOL

allumette la cerilla Sé**Ri**lya

alpinisme el alpinismo alpi**nis**mo

amande la almendra al**menn**dRa

ambassade la embajada emmba**Ha**da

ambulance la ambulancia ammbou**lann**Sia

amende la multa **moul**ta

amer amargo(a) a**maR**go(a)

ameublement el mobiliario mobilia**Rio**

ami(e) el/la amigo(a) a**mi**go(a); **petit ami/petite amie** el/la novio(a) **no**bio (**no**bia)

ampoule (électrique) la bombilla bomm**bi**lya; (au pied) la ampolla amm**pol**ya

amuser : s'amuser divertirse dibèR**ti**Rsé

an el año **a**gno

ananas la piña **pi**gna

anesthésie la anestesia anes**té**ssia

anglais inglés (inglesa) inn**glèss** (in**gléss**a)

Angleterre Inglaterra innglatè**RRa**

animal el animal ani**mal**

année el año **a**gno

anniversaire el cumpleaños koummplé**a**gnoss; **bon anniversaire!** ¡feliz cumpleaños! fé**liS** koummplé**ag**noss

annuaire téléphonique la guía telefónica **gui**-a télé**fo**nika

annulation la anulación anoula**Sionn**

annuler anular anou**laR**

anorak el anorak ano**Rak**

antenne la antena ann**té**na

antibiotique el antibiótico anntibi**o**tiko

antigel el anticongelante anntikonnHé**lann**té

anti-insectes : crème anti-insectes la loción contra insectos lo**Sionn konn**tRa inn**sek**toss

antiquaire el anticuario anntikoua**Rio**

antiquités las antigüedades anntigoué**da**dess

antiseptique antiséptico(a) annti**sép**tiko(a)

appareil la máquina **ma**kina

appareil photo la cámara **ka**mara; la máquina de fotos **ma**kina dé **fo**toss

appartement el apartamento apaRta**menn**to

appel la llamada lya**ma**da

appeler llamar lya**maR**; **je m'appelle...** me llamo... mé **lya**mo...

appoint : faire l'appoint dar suelto daR sou**él**to

apporter traer tRa**èR**

apprendre aprender apRenn**dèR**

appuyer apretar apRé**taR**

après después desspou**ess**

après-midi la tarde ta**R**dé

après-rasage la loción para después del afeitado lo**Sionn** pa**R**a desspou**ess** dél afei**ta**do

VOCABULAIRE FRANÇAIS-ESPAGNOL

APR – AVE

après-shampooing la crema suavizante para el pelo *kRéma souabiSannté paRa él pélo*

arbre el árbol *aRbol*

argent *(monnaie)* el dinero *dinéRo*; *(métal)* la plata *plata*

arrêt la parada *paRada*; **arrêt d'autobus** la parada de autobús *paRada dé a-outobouss*

arrêter parar *paRaR*; **arrêtez!** ¡pare! *paRé*

arrhes la señal *ségnal*

arrière trasero(a) *tRasséRo(a)*

arrivée la llegada *lyégada*

arriver llegar *lyégaR*

artiste el/la artista *aRtista*

ascenseur el ascensor *asSennsoR*

aspirateur el aspirador *aspiRadoR*

aspirine la aspirina *aspiRina*

asseoir : s'asseoir sentarse *senntaRsé*

assez bastante *basstannté*; **assez de** bastante *basstannté*

assiette el plato *plato*

assurance el seguro *ségouRo*; **assurance tous risques** el seguro a todo riesgo *ségouRo a todo RRiéssgo*; **assurance voyage** el seguro de viaje *ségouRo dé biaHé*

assurer asegurar *asségouRaR*

asthme el asma *asma*

atomiseur el atomizador *atomiSadoR*

attacher atar *ataR*

attendre esperar *éspéRaR*

attention la atención *atennSionn*; **attention!** ¡cuidado! *kouïdado*

auberge : auberge de jeunesse el albergue juvenil *albèRgué Houbénil*

aucun(e) ninguno(a) *ninngouno(a)*

au-delà de más allá de *mass alya dé*

au-dessous de debajo de *débaHo dé*

au-dessus de encima de *ennSima dé*

aujourd'hui hoy *oï*

au revoir adiós *adioss*

aussi también *tammbienn*; **moi aussi** yo también *yo tammbienn*

auto el coche *kotché*

autobus el autobús *a-outobouss*

autocar el autocar *a-outokaR*

automne el otoño *otogno*

automobiliste el automovilista *a-outomobilissta*

autorisé autorizado(a) *a-outoRiSado(a)*

autoroute la autopista *a-outopista*

auto-stop el autoestop *a-outoéstop*

autour de alrededor de *alRédédoR dé*

autre otro(a) *otRo(a)*

avance : en avance con adelanto *konn adélannto*

avant[1] *prép* antes de *anntess dé*; **avant que** antes que *anntess ké*

avant[2] *adv* antes *anntess*

avec con *konn*

avertir advertir *adbèRtiR*

aveugle ciego(a) *Siégo(a)*

avez : avez-vous... ? ¿tiene... ? *tiéné...*

AVI – BIJ
VOCABULAIRE FRANÇAIS-ESPAGNOL

avion el avión *abionn*

avoir tener *tenèR* (*voir* **GRAMMAIRE**); **j'ai chaud/froid** tengo calor/frío *tenngo kaloR/fRi-o*; **j'ai faim/soif** tengo hambre/sed *tenngo ammbRé/sèd*

avons : nous avons… tenemos… *ténémoss…*

baby-sitter el canguro *kanngouRo*

bac *(ferry)* el transbordador *tRannssboRdadoR*

bagages el equipaje *ékipaHé*; **bagages à main** el equipaje de mano *ékipaHé dé mano*

bague el anillo *anilyo*

baignade el baño *bagno*

baigner : se baigner bañarse *bagnaRsé*

baignoire la bañera *bagnéRa*

bain el baño *bagno*

balcon el balcón *balkonn*

balle la pelota *pelota*

ballet el ballet *balé*

ballon el balón *balonn*

banane el plátano *platano*

banlieue las afueras *afouéRass*

banque el banco *bannko*

bar el bar *baR*

barré interceptado(a) *inntèRSeptado(a)*

bas¹ *adj* bajo(a) *baHo(a)*; **en bas** *(mouvement)* para abajo *paRa baHo*; *(position)* abajo *abaHo*

bas² *n* la media *média*

baskets las zapatillas de deporte *SapatIlyass dé dépoRté*

bateau el barco *baRko*; **bateau à moteur** la lancha motora *lanntcha motoRa*; **bateau à rames** la barca *baRka*; **bateau à voile** el barco de vela *baRko dé béla*

bâtiment el edificio *édifiSio*

batterie la batería *batéRi-a*

battre golpear *golpéaR*

beau bonito(a) *bonito(a)*; **il fait beau** hace buen tiempo *aSé bouenn tiemmpo*

beaucoup mucho *moutcho*; **beaucoup de** mucho(a) *moutcho(a)*

bébé el bebé *bébé*

belge belga *bélga*

Belgique Bélgica *belHika*

besoin : avoir besoin de necesitar *néSéssitaR*

beurre la mantequilla *manntékilya*

bibliothèque la biblioteca *bibliotéka*

bicyclette la bicicleta *biSikléta*

bien bien *bienn*

bien sûr claro *klaRo*

bientôt pronto *pRonnto*

bière la cerveza *SèRbéSa*

bifteck el bistec *bisstèk*

bijouterie la joyería *HoyéRi-a*

bijoux las joyas *Hoyass*

VOCABULAIRE FRANÇAIS-ESPAGNOL

BIL – BRO

billet el billete *bilyété*; **billet aller et retour** el billete de ida y vuelta *bilyété dé ida i bouélta*; **billet de banque** el billete de banco *bilyété dé bannko*

biscuit la galleta *galyéta*

blanc blanco(a) **blannko(a)**; **blanc de poulet** la pechuga de pollo *pétchouga dé polyo*

blanchisserie la lavandería *labanndéRi-a*

blessé herido(a) *éRido(a)*

blesser : se blesser hacerse daño *aSèRsé dagno*

bleu *(couleur)* azul *aSoul*; *(steak)* muy poco hecho *mouï poko étcho*; *(sur la peau)* la contusión *konntoussionn*

bloc-notes el bloc *blok*

blonde *(bière)* la cerveza dorada *SèRbéSa doRada*

bœuf la carne de vaca *kaRné dé baka*

boire beber *bébéR*

bois *(matière)* la madera *madéRa*

boisson la bebida *bébida*

boîte *(en carton)* la caja *kaHa*; *(de conserve)* la lata *lata*; **boîte aux lettres** el buzón *bouSonn*; **boîte d'allumettes** la caja de cerillas *kaHa dé SéRilyass*; **boîte de nuit** la discoteca *disskotéka*; la sala de fiestas *sala dé fiesstass*

bol el tazón *taSonn*

bon¹ *adj* bueno(a) *bouéno(a)*

bon² *n* el bono *bono*

bonbon el caramelo *kaRamélo*

bondé lleno(a) *lyéno(a)*

bonjour buenos días *bouénoss di-ass*

bon marché barato(a) *baRato(a)*

bonsoir buenas tardes *bouénass taRdéss*

bord : à bord a bordo *a boRdo*; **bord de mer** la playa *playa*

botte *(chaussure)* la bota *bota*

bouche la boca *boka*

bouché obstruido(a) *obstRou-ido(a)*

boucherie la carnicería *kaRniSéRi-a*

boucles d'oreilles los pendientes *penndienntess*

bouée la boya *boya*; **bouée de sauvetage** el salvavidas *salbabidass*

bouger mover *mobèR*

bougie *(auto)* la bujía *bouHi-a*

bouillir hervir *èRbiR*

boulangerie la panadería *panadéRi-a*

bouquet *(de fleurs)* el ramo *RRamo*

bout el trozo *tRoSo*; **à bout filtre** con filtro *konn filtRo*

bouteille la botella *botélya*; **bouteille de gaz** la bombona de gas *bommbona dé gass*

boutique la tienda *tiennda*; **boutique de souvenirs** la tienda de recuerdos *tiennda dé RRékouèRdoss*; **boutique hors taxes** la tienda libre de impuestos *tiennda libRé dé immpouésstoss*

bouton el botón *botonn*; *(sur la peau)* el grano *gRano*

bras el brazo *bRaSo*

briquet el mechero *métchéRo*

broche el alfiler *alfilèR*

brochure el folleto *folyéto*

bronzage el bronceado *bRonnSéado*

bronzer broncearse *bRonnSéaRsé*

brosse el cepillo *Sépilyo*; **brosse à cheveux** el cepillo para el pelo *Sépilyo paRa él pélo*; **brosse à dents** el cepillo de dientes *Sépilyo dé diennt*éss

brouillard la niebla *niébla*

bruit el ruido *RRouido*

brûler quemar *kémaR*

brun moreno(a) *moRéno(a)*

bruyant ruidoso *RRouidosso*

bulletin de consigne el talón de consigna *talonn dé konnsig-na*

bureau la oficina *ofiSina*; **bureau de change** el cambio *kammbio*; **bureau de location** el despacho de billetes *déspatcho dé bilyétéss*; **bureau de poste** la oficina de correos *ofiSina dé koRRéoss*; **bureau de renseignements** la oficina de información *ofiSina dé innfoRmaSionn*; **bureau des objets trouvés** la oficina de objetos perdidos *ofiSina dé obHétoss pèRdidoss*; **bureau de tabac** el estanco *estannko*

buvette la cantina *kanntina*

ça eso *ésso*

cabine el camarote *kamaRoté*; **cabine d'essayage** el probador *pRobadoR*; **cabine téléphonique** la cabina telefónica *kabina téléfonika*

cabinet : cabinet de toilette el wáter *batèR;* **cabinet médical/dentaire** el consultorio médico/dental *konnsoultoRio médiko/denntal*

cacahuète el cacahuete *kakaouété*

cacao el cacao *kakao*

cadeau el regalo *RRégalo*

cafard la cucaracha *koukaRatcha*

café *(boisson)* el café *kafé*; **café au lait** el café con leche *kafé konn létché*; **café crème** el café con leche *kafé konn létché*; **café décaféiné** el café descafeinado *kafé desskaféinado*; **café en poudre** el café en polvo *kafé én polbo*; **café noir** el café solo *kafé solo*; *(lieu)* el café *kafé*

caisse la caja *kaHa*

calendrier el calendario *kalenndaRio*

camion el camión *kamionn*

campagne el campo *kammpo*

camping el camping *kammpinn*

Canada Canadá *kanada*

canadien(ne) canadiense *kanadiennssé*

canard el pato *pato*

canif el cortaplumas *koRtaploumass*; la navaja *nabaHa*

caoutchouc el caucho *ka-outcho*

car el autocar *a-outokaR*

caravane la caravana *kaRabana*

cardigan la rebeca *RRébéka*

carnet la libreta *libRéta*; **carnet de chèques** el talonario *talonaRio*

VOCABULAIRE FRANÇAIS-ESPAGNOL

CAR – CHA

carotte la zanahoria *SanaoRia*
carrefour el cruce *kRouSé*
carte el mapa *mapa*; **carte d'abonnement** el abono *abono*; **carte de crédit** la tarjeta de crédito *taRHéta dé kRédito*; **carte des vins** la carta de vinos *kaRta dé binoss*; **carte de visite** la tarjeta de visita *taRHéta dé bissita*; **carte d'identité** el carné de identidad *kaRné dé idenntidad*; **carte du jour** el menú del día *ménou dél di-a*; **carte grise** el título de propiedad del coche *titoulo dé pRopiédad dél kotché*; **carte postale** la postal *postal*; **carte routière** el mapa de carreteras *mapa dé kaRRétéRass*
cartouche *(de cigarettes)* el cartón *kaRtonn*
cas el caso *kasso*
caserne : caserne des pompiers el cuartel de bomberos *kouaRtel dé bommbéRoss*
casquette la gorra *goRRa*
cassé roto(a) *RRoto(a)*
casse-croûte el bocadillo *bokadilyo*
casser romper *RRommpèR*
casserole la cacerola *kaSéRola*
cassette la casete *kassété*
cathédrale la catedral *katédRal*
catholique católico(a) *katoliko(a)*
cause : à cause de a causa de a *ka-oussa dé*
caution la fianza *fiannSa*
cave la bodega *bodéga*
ce *(ici)* este *essté*; *(là)* ese *essé*; *(là-bas)* aquel *akel*
céder ceder *SédéR*

CEE la CEE *Sé-é-é*
ceinture el cinturón *SinntouRonn*; **ceinture de sécurité** el cinturón de seguridad *SinntouRonn dé ségouRidad*
cela eso *ésso*
célibataire soltero(a) *soltéRo(a)*
celle-ci ésta *essta*
celle-là ésa *essa*; aquélla *akélya*
celui-ci éste *essté*
celui-là ése *essé*; aquél *akel*
cendrier el cenicero *SéniSéRo*
centre el centro *SenntRo*; **centre commercial** el centro comercial *SenntRo koméRSial*
centre-ville el centro de la ciudad *SenntRo dé la Si-oudad*
cerise la cereza *SéRéSa*
ces *(ici)* estos (estas) *esstoss (esstass)*; *(là)* esos (esas) *éssoss (essass)*; *(là-bas)* aquellos (aquellas) *akélyoss (akélyass)*
c'est es *ess*
cette *(ici)* esta *essta*; *(là)* esa *essa*; *(là-bas)* aquella *akélya*
ceux-ci éstos *esstoss*
ceux-là ésos *essoss*; aquéllos *akélyoss*
chaîne la cadena *kadéna*
chaise la silla *silya*; **chaise longue** la tumbona *toummbona*
chambre la habitación *abitaSionn*; **chambre à coucher** el dormitorio *doRmitoRio*; **chambre double** la habitación doble *abitaSionn doblé*; **chambre individuelle** la habitación individual *abitaSionn inndibidoual*

CHA – CLA

VOCABULAIRE
FRANÇAIS-ESPAGNOL

champ el campo *kammpo*; **champ de courses** el hipódromo *ipodRomo*

champignon el champiñón *tchampignonn*

chandail el jersey *HèRséï*

change el cambio *kammbio*

changer cambiar *kammbiaR*; **se changer** cambiar de ropa *kammbiaR dé RRopa*; **changer de train** hacer transbordo *aSèR tRannsboRdo*

chanson la canción *kannSionn*

chanter cantar *kanntaR*

Chantilly *(crème)* la nata batida *nata batida*

chapeau el sombrero *sommbRéRo*

chaque cada *kada*

chariot el carrito *kaRRito*

chasse la caza *kaSa*

château el castillo *kastilyo*

chaud caliente *kaliennté*; **j'ai chaud** tengo calor *tenngo kaloR*; **il fait chaud** hace calor *aSé kaloR*

chauffage la calefacción *kaléfakSionn*

chauffe-eau el calentador de agua *kalenntadoR dé agoua*

chaussettes los calcetines *kalSétiness*

chaussures los zapatos *Sapatoss*

chemin el camino *kamino*

chemin de fer el ferrocarril *féRRokaRRil*

chemise la camisa *kamissa*

chemisier la blusa *blussa*

chèque el cheque *tchéké*; **chèque de voyage** el cheque de viaje *tchéké dé biaHé*; **chèque postal** el cheque postal *tchéké postal*

chéquier el talonario *talonaRio*

cher *(prix)* caro(a) *kaRo(a)*

chercher buscar *bouskaR*

cheval el caballo *kabalyo*

cheveux el pelo *pélo*

cheville el tobillo *tobilyo*

chewing-gum el chicle *tchiklé*

chez en casa de *én kassa dé*; **chez le dentiste** al dentista *al denntista*

chien el perro *péRRo*

chocolat el chocolate *tchokolaté*; **chocolat chaud** el chocolate caliente *tchokolaté kaliennté*

choisir escoger *eskoHéR*

choix la selección *sélékSionn*

chose la cosa *kossa*

chou la col *kol*

chou-fleur la coliflor *kolifloR*

choux de Bruxelles las coles de Bruselas *koless dé bRoussélass*

chute la caída *ka-ida*

ciel el cielo *Siélo*

cigare el puro *pouRo*

cigarette el cigarrillo *SigaRRilyo*

cinéma el cine *Siné*

cintre la percha *pèRtcha*

cirage la crema para el calzado *kRéma paRa él kalSado*

circulation el tráfico *tRafiko*

ciseaux las tijeras *tiHéRass*

citron el limón *limonn*; **citron pressé** el limón natural *limonn natouRal*; **citron vert** el limón verde *limonn béRdé*

clair claro(a) *klaRo(a)*; **vert clair** verde claro *béRdé klaRo*

classe la clase *klassé*; **première/deuxième classe** primera/segunda

VOCABULAIRE FRANÇAIS-ESPAGNOL
CLÉ – CON

clase p*Rim*é*R*a/sé*gounn*da *kla*ssé

clé la llave *lya*bé; **clé anglaise** la llave inglesa *lya*bé inn*glé*ssa; **clé minute** llaves al minuto *lya*bess al *mi*nouto

clignotant el intermitente innté*R*mi*tenn*té

climat el clima *kli*ma

climatisation la climatización klimati*Sa*Si*onn*

climatisé climatizado(a) klimati*Sa*do(a)

clinique la clínica *kli*nika

clou el clavo *kla*bo

cœur el corazón koRa*Sonn*

coffre *(auto)* el maletero malé*té*Ro

coffre-fort la caja de caudales *ka*Ha dé ka-ou*da*less

cognac el coñac *kog*nak

coiffeur el peluquero pélou*ké*Ro

coin *(angle de rues)* la esquina és*ki*na; *(secteur)* la zona *So*na

col[1] *(de chemise)* el cuello kou*é*lyo

col[2] *(en montagne)* el puerto pou*è*Rto

colis el paquete pa*ké*té

collants el panty *pann*ti

colle la cola *ko*la

collier el collar ko*lya*R

combien cuánto kou*annto*

commander pedir pé*di*R

comme como *ko*mo

commencer empezar emmpé*Sa*R

comment? ¿cómo? *ko*mo

commissariat de police la comisaría komissa*Ri*-a

communication : communication interurbaine la conferencia interurbana konnfé*Renn*Si-a innté*Rou*Rbana; **communication urbaine** la llamada local *lya*mada lo*kal*

compagnie la compañía kommpa*gni*-a; **compagnie aérienne** la compañía aérea kommpa*gni*-a aé*Ré*a

compartiment el departamento dépaRta*menn*to; **compartiment fumeurs/non fumeurs** el departamento de fumadores/no fumadores dépaRta*menn*to dé fouma*do*Ress/no foumadoRess

complet lleno(a) *lyé*no(a)

compliqué complicado(a) komm*pli*kado(a)

comprendre entender enntenn*dé*R; **je ne comprends pas** no entiendo no ennti*enn*do

compris incluso inn*klou*sso; **tout compris** todo incluido *to*do innklou-ido

comptant al contado al konn*ta*do

compte la cuenta kou*enn*ta

compteur el contador konnta*do*R

concert el concierto konnSi*è*Rto

concessionnaire el concesionario konnSéssio*na*Rio

conducteur(trice) el conductor (la conductora) konndouk*to*R (konndouk*to*Ra)

conduire conducir konndou*Si*R

confirmer confirmar konnfi*R*ma*R*

confiserie la confitería konnfité*Ri*-a

confiture la mermelada mé*R*mé*la*da

congélateur el congelador konnHéla*do*R

CON – CRE
VOCABULAIRE FRANÇAIS-ESPAGNOL

connaître conocer *kono**SéR***
conseiller aconsejar *akonnsé**HaR***
consigne la consigna *konn**sig**-na*; **consigne automatique** la consigna automática *konn**sig**-na a-outo**ma**tika*
consommation la consumición *konnsoumi**Si**onn*
constipé estreñido(a) *est**Ré**gnido(a)*
consulat el consulado *konnsou**la**do*
content contento(a) *konn**tenn**to(a)*
contraceptif el anticonceptivo *anntikonn**Sep**tibo*
contraire contrario(a) *konnt**Ra**Rio(a)*
contravention la multa *moul**ta*
contre contra *konn**tRa***
contrôle el control *konnt**Rol***
coquetier la huevera *oué**bé**Ra*
coquillages los mariscos *ma**Ris**kos*
corde la cuerda *kouè**R**da*
corps il cuerpo *kouè**R**po*
correct correcto(a) *ko**RRek**to(a)*
correspondance el enlace *ennla**Sé***
costume *(d'homme)* el traje *t**Ra**Hé*
côte *(anatomie)* la costilla *kos**til**ya*; *(rivage)* la costa *kos**ta***
côté el lado *la**do*; **à côté de** al lado de *al **la**do dé*
côtelette la chuleta *tchou**lé**ta*
coton el algodón *algo**donn***; **coton hydrophile** el algodón hidrófilo *algo**donn** id**Ro**filo*
cou el cuello *koué**l**yo*
couchage : **sac de couchage** el saco de dormir *sa**ko dé do**RmiR***
couche *(de bébé)* el pañal *pag**nal***
coucher : **se coucher** acostarse *akos**taR**sé*

couchette la litera *li**té**Ra*
coudre coser *kos**sèR***
couleur el color *ko**loR***
couloir el pasillo *pas**sil**yo*
coup el golpe *gol**pé*; **coup de soleil** la insolación *innsola**Si**onn*
coupe el corte *ko**R**té; **coupe de cheveux** el corte de pelo *ko**R**té dé **pé**lo*
couper cortar *ko**R**taR*
coupure de courant el corte de corriente *ko**R**té dé ko**RRi**ennté*
courant[1] *n* la corriente *ko**RRi**ennté*
courant[2] *adj* corriente *ko**RRi**ennté*
courrier el correo *ko**RRé**o*
courroie de ventilateur la correa del ventilador *la ko**RRé**a dél bennti**la**doR*
cours du change el tipo de cambio *tipo dé **kamm**bio*
court corto(a) *ko**R**to(a)*
cousin(e) el/la primo(a) *p**Ri**mo(a)*
couteau el cuchillo *kout**chil**yo*
coûter costar *kos**staR***; **ça coûte combien?** ¿cuánto vale esto? *kou**ann**to ba**lé es**sto*
couvert[1] *n* el cubierto *kou**bièR**to*
couvert[2] *adj* cubierto(a) *kou**bièR**to(a)*
couverture la manta *mann**ta***
crampe el calambre *ka**lamm**bRé*
cravate la corbata *ko**R**bata*
crayon el lápiz *la**piS*
crème la nata *na**ta*; **crème fouettée** la nata batida *na**ta ba**ti**da*
crêpe la crepe *k**Ré**pé*
crevaison el pinchazo *pinn**tcha**So*

VOCABULAIRE FRANÇAIS-ESPAGNOL
CRE – DÉO

crevette la gamba *gamm*ba
croisière el crucero *kRouSéRo*
cuillère la cuchara *koutchaRa*
cuir el cuero *kouéRo*
cuisiner cocinar *koSinaR*
cuisinière la cocina *koSina*
cuit cocido(a) *koSido(a)*; **bien cuit** muy hecho(a) *mouï étcho(a)*; **mal cuit** poco hecho(a) *poko étcho(a)*; **trop cuit** demasiado hecho *démassiado étcho*

d'abord primero *pRiméRo*
d'accord de acuerdo *dé akouèRdo*
danger el peligro *péligRo*
dangereux peligroso(a) *péligRosso(a)*
dans en *én*
danser bailar *baïlaR*
date la fecha *fétcha*
de de *dé*
début el principio *pRinnSipio*
débutant el/la principiante *pRinnSipiannté*
décaféiné descafeinado *désskaféinado*
décapsuleur el abrebotellas *abRébotélyass*

déclarer : rien à déclarer nada que declarar *nada ké déklaRaR*
décollage el despegue *désspégué*
déçu decepcionado(a) *déSépSionado(a)*
défaut el defecto *défekto*
défendu prohibido(a) *pRo-ibido(a)*
dégâts los daños *dagnoss*
dégivrer deshelar *désselaR*
dégustation *(de vin)* la degustación de vinos *dégoustaSionn dé binoss*
dehors fuera *fouéRa*
déjà ya *ya*
déjeuner la comida *la komida*; **petit déjeuner** el desayuno *déssayouno*
délicieux delicioso(a) *déliSiosso(a)*
demain mañana *magnana*
demander *(poser une question)* preguntar *pRégounntaR*; *(vouloir)* pedir *pédiR*
démangeaison el picor *pikor*
démaquillant el desmaquillador *déssmakilyadoR*
demi medio(a) *médio(a)*; **un demi** *(de bière)* un tubo (de cerveza) *toubo (dé SéRbéSa)*
demi-heure la media hora *média oRa*
demi-pension la media pensión *média pennssiónn*
dent el diente *diennté*
dentier la dentadura *dénntadouRa*
dentifrice la pasta de dientes *passta dé dienntess*
dentiste el/la dentista *dénntista*
déodorant el desodorante *déssodoRannté*

DÉP – DUV

VOCABULAIRE FRANÇAIS-ESPAGNOL

dépanneuse la grúa *gRoua*
départ la salida *salida*
dépêcher : dépêchez-vous! ¡dése prisa! *déssé pRissa*
dépliant el tríptico *tRiptiko*
depuis desde *dessdé*; **depuis que** desde que *dessdé ké*
déranger : ça vous dérange si… ? le molesta si… ? *lé molessta si…*
déraper patinar *patinaR*
dernier último(a) *oultimo(a)*; **la semaine dernière** la semana pasada *sémana passada*
derrière detrás (de) *détRass dé*
descendre bajar *baHaR*
désinfectant el desinfectante *déssinnfektannté*
désolé : je suis désolé lo siento *lo siennto*
dessert el postre *posstRé*
dessous abajo *abaHo*
dessus encima *ennSima*
détendre : se détendre descansar *désskannssaR*
deux dos *doss*; **tous les deux** los/las dos *loss/lass doss*
deuxième segundo(a) *ségounndo(a)*
devant delante (de) *délannté dé*
devoir tener que *ténéR ké*
diabétique diabético(a) *diabétiko(a)*
diapositive la diapositiva *diapossitiba*
diarrhée la diarrea *diaRRéa*
dictionnaire el diccionario *dikSionaRio*
diététique dietético(a) *diététiko(a)*
difficile difícil *difiSil*
dîner[1] *n* la cena *Séna*

dîner[2] *vb* cenar *SénaR*
dire decir *déSiR*
direct directo(a) *diRekto(a)*; **train direct** el tren directo *tRénn diRekto*
directeur el director *diRektoR*
direction *(sens)* la dirección *diRekSionn*
disque *(musique)* el disco *dissko*
distractions las diversiones *dibèRssioness*
divorcé divorciado(a) *diboRSiado(a)*
dommage : c'est dommage es una lástima *ess ouna lasstima*
donner dar *daR*
dormir dormir *doRmiR*
dos la espalda *espalda*
douane la aduana *adouana*
doubler *(dépasser)* adelantar *adélanntaR*
douche la ducha *doutcha*
douleur el dolor *doloR*
douzaine la docena *doSéna*
drap la sábana *sabana*
droguerie la droguería *dRoguéRi-a*
droit *(opposé à gauche)* derecho(a) *déRétcho(a)*; **à droite** a la derecha *a la déRétcha*; **tout droit** todo recto *todo RRekto*
dur duro(a) *douRo(a)*
durée la duración *douRaSionn*
duvet el edredón *édRédonn*

VOCABULAIRE FRANÇAIS-ESPAGNOL
EAU – ESP

eau el agua *agoua*; **eau de Javel** la lejía *léHi-a*; **eau minérale** el agua mineral *agoua minéRal*; **eau potable** el agua potable *agoua potablé*

échanger cambiar *kammbiaR*

échantillon la muestra *mouéstRa*

écharpe la bufanda *boufannda*

école la escuela *eskouéla*

écouteur el auricular *a-ouRikoulaR*

écrire escribir *eskRibiR*

écrou la tuerca *touèRka*

église la iglesia *igléssia*

élastique *(pour vêtements)* la goma *goma*; *(bande)* la gomita *gomita*

électricité la electricidad *éléktRiSidad*

électrique eléctrico(a) *élektRiko(a)*

elle(s) ella(s) *élya(s)*

emballage el embalaje *emmbalaHé*

embarquement el embarque *emmbaRké*; **carte d'embarquement** la tarjeta de embarque *taRHéta dé emmbaRké*

embouteillage el embotellamiento *emmbotélyamiennto*

embrayage el embrague *emmbRagué*

emporter llevarse *lyébaRssé*; **à emporter** para llevar *paRa lyébaR*

en en *én*; **en voiture** en coche *én kotché*

enceinte embarazada *emmbaRaSada*

enchanté! ¡encantado! *ennkannta-do*

encore todavía *todabi-a*

endroit *(lieu)* el sitio *sitio*

enfant el/la niño(a) *nigno(a)*

ennuyeux aburrido(a) *abouRRido(a)*

enregistrement : enregistrement des bagages la facturación del equipaje *faktouRaSionn dél ékipaHé*

enregistrer *(bagages)* facturar *faktouRaR*

enrhumé resfriado(a) *RRessfRi-ado(a)*

ensemble juntos *Hounntoss*

entendre oír *o-iR*

entier entero(a) *enntéRo(a)*

entre entre *enntRé*

entrée la entrada *enntRada*

entremets los postres *posstRess*

entrer entrar *enntRaR*

enveloppe el sobre *sobRé*

environ más o menos *mass o ménoss*

environs las cercanías *SéRkani-ass*

envoyer enviar *ennbi-aR*

épais espeso(a) *espésso(a)*

épicerie *(magasin)* la tienda de comestibles *tiennda dé komestibless*

épingle el alfiler *alfiléR*; **épingle de nourrice** el imperdible *immpéRdiblé*

épouse la esposa *espossa*

équitation la equitación *ékitaSionn*

erreur el error *eRRoR*

escale la escala *eskala*

escalier la escalera *eskaléRa*; **escalier roulant** la escalera mecánica *eskaléRa mékanika*

espace el espacio *espaSio*

Espagne España *espagna*

espagnol(e) español (española) *espagnol (espagnola)*

VOCABULAIRE FRANÇAIS-ESPAGNOL

essayer *(vêtement)* probarse *pRobaRsé*; **essayer de faire** intentar hacer *inntenntaR aSèR*

essence la gasolina *gassolina*

essuie-glace el limpiaparabrisas *limmpiapaRabRissass*

est[1] *n* el este *essté*

est[2] *vb* : **il/elle est** es/está *ess/essta*

estomac el estómago *estomago*

et y *y*

étage el piso *pisso*

États-Unis Estados Unidos *estadoss ounidoss*

été el verano *béRano*

éteindre apagar *apagaR*

êtes : **vous êtes** usted es/está *ousted ess/essta*

étiquette la etiqueta *étikéta*

étoile la estrella *estRélya*

étranger extranjero(a) *extRannHéRo(a)*; **à l'étranger** en el extranjero *én él extRannHéRo*

être *(état provisoire)* estar *esstaR*; *(état permanent)* ser *séR*; voir **GRAMMAIRE**

étudiant(e) el/la estudiante *estoudiannté*

Europe Europa *éouRopa*

européen europeo(a) *éouRopéo(a)*

eux ellos *élyoss*

évanouir : **s'évanouir** desmayarse *dessmayaRsé*

excédent de bagages el exceso de equipaje *ekSesso dé ekipaHé*

excellent excelente *ekSelennté*

excursion la excursión *exkouRsionn*

excuser : **excusez-moi** perdón *péRdonn*

expliquer explicar *explikaR*

exposition la exposición *expossiSionn*

exprès especialmente *espeSialmennté*; **par exprès** por correo urgente *poR koRRéo ouRHennté*

express *(train)* el expreso *éxpRésso*

expresso *(café)* ≈ el café exprés *kafé expRess*

extincteur el extintor *extinntoR*

---

face : **en face de** enfrente de *ennfRennté dé*

facile fácil *faSil*

facture la factura *faktouRa*

faim el hambre *ammbRé*; **avoir faim** tener hambre *ténéR ammbRé*

faire hacer *aSéR*; **ça ne fait rien** no importa *no immpoRta*

falloir : **il faut** hace falta *aSé falta*

famille la familia *familia*

farine la harina *aRina*

fatigué cansado(a) *kannsado(a)*

faute : **c'est de ma faute** yo tengo la culpa *yo tenngo la koulpa*

fauteuil el sillón *silyonn*; **fauteuil roulant** la silla de ruedas *silya dé Rouédass*

VOCABULAIRE
FRANÇAIS-ESPAGNOL

FAU – FUI

faux falso(a) *falso(a)*

félicitations! ¡enhorabuena! *enoRabouéna*

femme la mujer *mouHéR*; **femme de chambre** la camarera *kamaRéRa*

fenêtre la ventana *benntana*

fer el hierro *iéRRo*; **fer à repasser** la plancha *planntcha*

fermé cerrado(a) *SéRRado(a)*

fermer cerrar *SéRRaR*; **fermer à clé** cerrar con llave *SéRRaR konn lyabé*

fermeture Éclair ® la cremallera *kRémalyéRa*

ferry el ferry *féRRi*

fête la fiesta *fiessta*

feu el fuego *fouégo*; **feux (tricolores)** el semáforo *sémafoRo*

feuille la hoja *oHa*; **feuille de papier** la hoja de papel *oHa dé papel*

fiancé el/la novio(a) *nobio(a)*

ficelle la cuerda *kouèRda*

fiche horaire el horario *oRaRio*

fièvre la fiebre *fiébRé*

filet *(de viande, etc.)* el filete *filété*

fille *(jeune fille)* la chica *tchika*; *(parenté)* la hija *iHa*

film la película *pélikoula*; **film couleurs** la película en color *pélikoula én koloR*

fils el hijo *iHo*

fin el final *final*

finir terminar *téRminaR*

flash el flash *flass*

fleur la flor *floR*

fleuriste *(boutique)* la floristería *floRistéRi-a*

fleuve el río *Ri-o*

foie el hígado *igado*

foire la feria *féRia*

fois la vez *beS*; **une fois** una vez *ouna beS*

fonctionner funcionar *founnSionaR*

fond el fondo *fonndo*

forêt el bosque *boské*

formulaire la hoja *oHa*

fort fuerte *fouéRté*

fourchette el tenedor *ténédoR*

fragile frágil *fRaHil*

frais fresco(a) *fRessko(a)*

fraise la fresa *fRéssa*

framboise la frambuesa *fRammbouéssa*

français(e) francés (francesa) *fRannSéss (fRannSéssa)*

France Francia *fRannSia*

frein el freno *fRéno*; **frein à main** el freno de mano *fRéno dé mano*

frère el hermano *éRmano*

frites las patatas fritas *patatass fRitass*

froid frío(a) *fRi-o(a)*; **j'ai froid** tengo frío *tenngo fRi-o*; **il fait froid** hace frío *aSé fRi-o*

fromage el queso *késso*

frontière la frontera *fRonntéRa*

fruit la fruta *fRuta*; **fruits de mer** los mariscos *maRisskoss*

fuite *(d'eau, etc.)* el escape *eskapé*

FUM – GRO
VOCABULAIRE FRANÇAIS-ESPAGNOL

fumée el humo *oumo*
fumer fumar *foumaR*
fumeur el fumador *foumadoR*

galerie *(d'art)* la galería de arte *galéRi-a dé aRté*; *(sur une voiture)* la baca *baka*
gant el guante *gouannté*
garage *(abri)* el garaje *gaRaHé*; *(pour réparations)* el taller *talyéR*
garantie la garantía *gaRannti-a*
garçon el muchacho *moutchatcho*; *(serveur)* el camarero *kamaRéRo*
garde : pharmacie/médecin de garde farmacia/médico de guardia *faRmaSia/médiko dé gouaRdia*
gare la estación *éstaSionn*; **gare routière** la terminal de autobuses *téRminal dé a-outoboussess*
garer aparcar *apaRkaR*; **se garer** aparcar *apaRkaR*
garniture la guarnición *gouaRniSionn*
gas-oil el gasoil *gassoïl*
gâteau el pastel *passtel*
gauche izquierdo(a) *iSkièRdo(a)*; **à gauche** a la izquierda *a la iSkièRda*
gaz el gas *gass*
gel *(temps)* la helada *élada*

genou la rodilla *RRodilya*
gens la gente *Hennté*
gentil amable *amablé*
gibier la caza *kaSa*
gilet el chaleco *tchaléko*; **gilet de sauvetage** el chaleco salvavidas *tchaléko salbabidass*
glace *(eau gelée)* el hielo *iélo*; *(dessert)* el helado *élado*; *(miroir)* el espejo *éspéHo*
glaçon el cubito de hielo *koubito dé iélo*; **avec des glaçons** con hielo *konn iélo*
gorge la garganta *gaRgannta*; **mal de gorge** el dolor de garganta *doloR dé gaRgannta*
goût el sabor *saboR*
goûter probar *pRobaR*
grand grande *gRanndé*
grande surface el supermercado *soupèRmèRkado*
grand magasin los grandes almacenes *gRanndess almaSéness*
gratis gratis *gRatiss*
gratuit gratuito(a) *gRatouito(a)*
grave grave *gRabé*
grève la huelga *ouelga*; **en grève** en huelga *én ouelga*
grillé asado(a) a la parilla *assado(a) a la paRRilya*; a la plancha *a la planntcha*
grippe la gripe *gRipé*
gris gris *gRiss*
gros gordo(a) *goRdo(a)*
groupe el grupo *gRoupo*; **groupe sanguin** el grupo sanguíneo *gRoupo sannguinéo*

VOCABULAIRE FRANÇAIS-ESPAGNOL

GUÊ – INF

guêpe la avispa *abisspa*

guichet *(à la gare)* el despacho de billetes *desspatcho dé bilyétess*; *(au théâtre)* la taquilla *takilya*; *(administration)* la ventanilla *benntanilya*

guide *(livre)* la guía *gui-a*; *(accompagnateur)* el/la guía *gui-a*

hors de fuera de *fouéRa dé*

hors-d'œuvre los entremeses *enntRéméssess*

hors taxes libre de impuestos *libRé dé immpouésstoss*

hôtel el hotel *otel*

huile el aceite *aSéïté*; **huile solaire** el bronceador *bRonnSéadoR*

humide húmedo(a) *oumédo(a)*

habiter vivir *bibiR*

habituel usual *oussoual*

handicapé minusválido(a) *minousbalido(a)*

haricots las judías *Houdi-ass*

haut alto(a) *alto(a)*; **en haut** *(mouvement)* hacia arriba *aSia aRRiba*; *(position)* arriba *aRRiba*

hauteur la altura *altouRa*

hébergement el alojamiento *aloHamiennto*

heure la hora *oRa*; **quelle heure est-il?** ¿qué hora es? *ké oRa ess*; **à l'heure** a la hora exacta *a la oRa ekssakta*

hier ayer *ayèR*

hiver el invierno *inbiéRno*

homard el bogavante *bogabannté*

homme el hombre *ommbRé*

hôpital el hospital *ospital*

horaire el horario *oRaRio*

ici aquí *aki*

il él *él*

île la isla *issla*

ils ellos *élyoss*

immédiatement inmediatamente *innmédiatamennté*

imperméable[1] *n* el impermeable *immpéRméablé*

imperméable[2] *adj* impermeable *immpèRméablé*

important importante *immpoRtannté*

impossible imposible *immpossiblé*

incendie el incendio *innSenndio*

inclure incluir *innklou-iR*

indications las indicaciones *inndikaSioness*

indigestion la indigestión *inndiHestionn*

infection la infección *innfekSionn*

INF – KWA
VOCABULAIRE FRANÇAIS-ESPAGNOL

information la información *innfoRmaSionn*
infusion la infusión *innfoussionn*
instantané instantáneo(a) *innstanntanéo(a)*
insuline la insulina *innssoulina*
interdit prohibido(a) *pRo-ibido(a)*
intéressant interesante *inntéRéssannté*
intérieur : à l'intérieur dentro *denntRo*
intoxication alimentaire la intoxicación por alimentos *inntoxikaSionn poR alimenntoss*
introduire meter *météR*
inviter invitar *innbitaR*
Italie Italia *italia*
italien(ne) italiano(a) *italiano(a)*
itinéraire el itinerario *itinéRaRio*

jeu el juego *Houégo*
jeune joven *Hobenn*
joli bonito(a) *bonito(a)*
jouer jugar *HougaR*
jour el día *di-a*
journal el periódico *péRiodiko*
journée la jornada *HoRnada*
juif(ve) judío(a) *Houdi-o(a)*
jupe la falda *falda*
jus el zumo *Soumo*;
 jus de citron el zumo de limón *Soumo dé limonn*; **jus de pomme** el zumo de manzana *Soumo dé mannSana*; **jus d'orange** el zumo de naranja *Soumo dé naRannHa*
jusqu'à hasta *assta*

jamais nunca *nounnka*
jambe la pierna *piéRna*
jambon el jamón *Hamonn*
jardin el jardín *HaRdinn*
jaune amarillo(a) *amaRilyo(a)*
je yo *yo*
jeter echar *étchaR*; **à jeter** desechable *déssetchablé*

kilo el kilo *kilo*
kilométrage el kilometraje *kilométRaHé*
kilomètre el kilómetro *kilométRo*
Klaxon ® la bocina *boSina*
Kleenex ® el pañuelo de papel *pagnouélo dé papel*
K-way ® el canguro *kanngouRo*

VOCABULAIRE
FRANÇAIS-ESPAGNOL

LÀ – LOI

là allí *alyi*
là-bas allá *alya*
lac el lago *lago*
lacet el cordón *koRdonn*
laine la lana *lana*; **en laine** de lana *dé lana*
laisser dejar *déHaR*; **laisser un message** dejar un recado *déHaR oun RRékado*
lait la leche *létché*; **lait démaquillant** la leche desmaquilladora *létché déssmakilyadoRa*; **lait solaire** el bronceador *bRonnSéadoR*
laitue la lechuga *létchouga*
lame de rasoir la hoja de afeitar *oHa dé aféitaR*
lampe la lámpara *lammpaRa*; **lampe de poche** la linterna *linntéRna*
landau el cochecito de niño *kotchéSito dé nigno*
langue la lengua *lenngoua*
lard el tocino *toSino*
large ancho(a) *anntcho(a)*
lavable lavable *labablé*
lavabo el lavabo *lababo*; **lavabos** los servicios *sèRbiSioss*
laver lavar *labaR*
laverie automatique la lavandería automática *labanndéRi-a a-outomatika*
lave-vaisselle *(liquide)* el detergente líquido *détéRHennté likido*; *(machine)* el lavavajillas *lababaHilyass*
leçon la clase *klassé*
léger ligero(a) *liHéRo(a)*
légumes las verduras *béRdouRass*; *(secs)* las legumbres *légoumbRess*

lent lento(a) *lennto(a)*
lentement despacio *desspaSio*
lentilles las lentejas *lenntéHass*; **lentilles de contact** las lentes de contacto *lenntess dé konntakto*
lessive *(activité)* la colada *kolada*; *(poudre)* el detergente en polvo *détéRHennté én polbo*
lettre la carta *kaRta*; **lettre recommandée** la carta certificada *kaRta SéRtifikada*
lever : se lever levantarse *lébanntaRsé*
librairie la librería *libRéRi-a*
libre libre *libRé*
lieu el sitio *sitio*
lime à ongles la lima para las uñas *lima paRa lass ougnass*
limitation de vitesse el límite de velocidad *limité dé béloSidad*
linge *(à laver)* la ropa para lavar *RRopa paRa labaR*
liquide de freins el líquido de frenos *likido dé fRénoss*
liste la lista *lissta*; **liste d'attente** la lista de espera *lissta dé esspéRa*
lit la cama *kama*; **grand lit** la cama de matrimonio *kama dé matRimonio*; **lit d'une personne** la cama individual *kama inndibidoual*
litre el litro *litRo*
livraison la entrega *enntRéga*
livre *(à lire)* el libro *libRo*; *(poids)* la libra *libRa*
location el alquiler *alkiléR*
logement el alojamiento *aloHamiennto*
loger alojar *aloHaR*
loin lejos *léHoss*

VOCABULAIRE FRANÇAIS-ESPAGNOL

long largo(a) *la**R**go(a)*; **le long de** a lo largo de *a lo la**R**go dé*
longtemps mucho tiempo *moutcho ti**e**mmpo*
longueur el largo *la**R**go*
louer alquilar *alkila**R***
lourd pesado(a) *p**é**ssado(a)*
loyer el alquiler *alki**l**é**R***
lui él *él*
lumière la luz *lou**S***
lune la luna *louna*
lunettes las gafas *ga**f**ass*; **lunettes de soleil** las gafas de sol *ga**f**ass dé sol*

ma mi *mi*
machine à laver la lavadora *laba**do**Ra*
Madame Señora *ségno**R**a*
Mademoiselle Señorita *ségno**R**ita*
magasin la tienda *ti**e**nnda*
magazine la revista *RR**é**bista*
magnétophone el magnetófono *mag-n**é**tofono*
magnétoscope el vídeo *bidéo*
maillot de bain el bañador *bagna**do**R*
main la mano *mano*; **fait main** hecho(a) a mano *étcho(a) a mano*

maintenant ahora *a-o**R**a*
mairie el ayuntamiento *ayounntami**e**nnto*
mais pero *p**é**Ro*
maison la casa *kassa*; **à la maison** en casa *én kassa*
mal[1] *adv* mal *mal*
mal[2] *n* : **mal de dents** el dolor de muelas *do**lo**R dé mou**é**lass*; **mal de mer** el mareo *ma**R**éo*; **mal de tête** el dolor de cabeza *do**lo**R dé ka**b**éSa*
malade enfermo(a) *ennf**é**Rmo(a)*
manche la manga *mann**g**a*
manger comer *kom**é**R*
manteau el abrigo *a**b**Rigo*
maquillage el maquillaje *maki**lya**Hé*
marchand de journaux el vendedor de periódicos *benndé**do**R dé pé**R**iodikoss*
marche la marcha *ma**R**tcha*; **marche arrière** la marcha atrás *ma**R**tcha at**R**ass*
marché el mercado *mé**R**kado*
marcher *(se promener)* andar *annda**R**; *(fonctionner)* funcionar *founnSiona**R***
marée la marea *ma**R**éa*; **marée basse** la bajamar *baHama**R***; **marée haute** la pleamar *pléama**R***
margarine la margarina *ma**R**ga**R**ina*
mari el marido *ma**R**ido*
marié casado(a) *kassado(a)*
marque la marca *ma**R**ka*
marron marrón *ma**RR**onn*
marteau el martillo *ma**R**tilyo*
mascara el rímel *RRimel*
matelas el colchón *kol**t**chonn*

VOCABULAIRE
FRANÇAIS-ESPAGNOL
MAT – MOU

matin la mañana *magnana*
matinée la mañana *magnana*
mauvais malo(a) *malo(a)*
mécanicien el mecánico *mékaniko*
médecin el médico *médiko*; **médecin spécialiste** el especialista *espéSialista*
médicament el medicamento *médikamennto*
meilleur mejor *méHoR*
même incluso *innklousso*; **le/la même** el/la mismo(a) *missmo(a)*
menu el menú *ménou*
mer el mar *maR*
merci gracias *gRaSiass*
mère la madre *madRé*
mes mis *miss*
message el recado *RRékado*
messe la misa *missa*
météo el pronóstico del tiempo *pRonosstiko dél tiemmpo*
métier el oficio *ofiSio*
métro el metro *métRo*
mettre poner *ponéR*
meubles los muebles *mouébless*
midi el mediodía *médiodi-a*; *(heure)* las doce de la mañana *lass doSé dé la magnana*
miel la miel *miel*
mieux mejor *méHoR*
milieu el medio *médio*
minuit la medianoche *médianotché*; *(heure)* las doce de la tarde *lass doSé dé la taRdé*
miroir el espejo *espéHo*
mixte mixto(a) *mixto(a)*
moins menos *ménoss*

mois el mes *mess*
moitié la mitad *mitad*
mon mi *mi*
monde el mundo *mounndo*; **tout le monde** todo el mundo *todo él mounndo*
monnaie el dinero suelto *dinéRo souelto*; **faire la monnaie** cambiar *kammbiaR*
Monsieur Señor *ségnoR*
montagne la montaña *monntagna*
montant *(somme)* el importe *immpoRté*
monter subir *soubiR*
montre el reloj *RRéloH*
montrer enseñar *ennségnaR*
monument el monumento *monoumennto*
morceau el trozo *tRoSo*
morsure la mordedura *moRdédouRa*
mort muerto(a) *mouèRto(a)*
mot la palabra *palabRa*
moteur el motor *motoR*
moto la moto *moto*
mouche la mosca *mosska*
mouchoir el pañuelo *pagnouélo*; **mouchoir en papier** el pañuelo de papel *pagnouélo dé papel*
mouillé mojado(a) *moHado(a)*
moules los mejillones *méHilyoness*
mousse la espuma *espouma*; **mousse à raser** la espuma de afeitar *espouma dé aféitaR*
moustique el mosquito *mosskito*
moutarde la mostaza *mosstaSa*

MOY – NUM

VOCABULAIRE FRANÇAIS-ESPAGNOL

moyen medio(a) *médio(a)*
mur la pared *paRéd*
mûr maduro(a) *madouRo(a)*
mûre la mora *moRa*
musée el museo *mousséo*; **musée d'art** el museo de bellas artes *mousséo dé bélyass aRtess*
musique la música *moussika*
musulman musulmán (musulmana) *moussoulmann (moussoulmana)*
myope corto(a) de vista *koRto(a) dé bissta*

nager nadar *nadaR*
natation la natación *nataSionn*
nature solo *solo*
navette el vehículo transbordador *bé-ikoulo tRannsboRdadoR*
ne : ne... pas no *no*
né(e) nacido(a) *naSido(a)*
nécessaire necesario(a) *néSéssaRio(a)*; **nécessaire de toilette** el neceser *néSésséR*
négatif el negativo *négatibo*
neige la nieve *niébé*
nettoyage la limpieza *limmpiéSa*; **nettoyage à sec** la limpieza en seco *limmpiéSa én séko*
nettoyer limpiar *limmpiaR*
neuf nuevo(a) *nouébo(a)*

niveau el nivel *nibél*
Noël la Navidad *nabidad*
noir negro(a) *négRo(a)*
noisette la avellana *abélyana*
noix la nuez *nouéS*
nom el nombre *nommbRé*; **nom de famille** el apellido *apélyido*; **nom de jeune fille** el apellido de soltera *apélyido dé soltéRa*
nombre el número *nouméRo*
non no *no*
non fumeurs no fumadores *no foumadoRess*
nord el norte *noRté*
normal normal *noRmal*
nos nuestros(as) *nouéstRoss(ass)*
note la cuenta *kouennta*
notre nuestro(a) *nouéstRo(a)*
nouilles los tallarines *talyaRiness*
nourriture la comida *komida*
nous nosotros *nossotRoss*
nouveau nuevo(a) *nouébo(a)*
nouvelles la noticias *notiSiass*
nu desnudo(a) *dessnoudo(a)*
nuageux nublado(a) *noublado(a)*
nuit la noche *notché*
nulle part en ninguna parte *én ninngouna paRté*
numéro el número *nouméRo*; **numéro d'immatriculation** el número de matrícula *nouméRo dé matRikoula*

VOCABULAIRE FRANÇAIS-ESPAGNOL

OBJ – PAN

objectif el objetivo *obHétibo*
objets trouvés los objetos perdidos *obHétoss péRdidoss*
obligatoire obligatorio(a) *obligatoRio(a)*
obtenir obtener *obténéR*
obturateur el obturador *obtouRadoR*
occupé ocupado(a) *okoupado(a)*
œil el ojo *oHo*
œuf el huevo *ouébo*; **œuf à la coque** el huevo pasado por agua *ouébo passado poR agoua*; **œuf dur** el huevo cocido *ouébo koSido*; **œuf poché** el huevo escalfado *ouébo eskalfado*; **œufs brouillés** los huevos revueltos *ouéboss RRéboueltoss*; **œuf sur le plat** el huevo frito *ouébo fRito*
oignon la cebolla *Sébolya*
oiseau el pájaro *paHaRo*
olive la aceituna *aSéitouna*
ombre la sombra *sommbRa*; **ombre à paupières** la sombra de ojos *sommbRa dé oHoss*
omelette la tortilla *toRtilya*
ont : ils/elles ont tienen *tiénenn*
opticien el óptico *optiko*
or *(métal)* el oro *oRo*
orage la tormenta *toRmennta*
orange la naranja *naRannHa*; **orange pressée** el zumo de naranja *Soumo dé naRannHa*
ordinaire *(essence)* la gasolina normal *gassolina noRmal*
ordonnance la receta *RReSéta*
ordures la basura *bassouRa*
oreiller la almohada *almoada*

os el hueso *ouésso*
ou o *o*
où dónde *donndé*
oublier olvidar *olbidaR*
ouest el oeste *oéssté*
oui sí *si*
outil la herramienta *éRRamiennta*
ouvert abierto(a) *abièRto(a)*
ouvre-boîtes el abrelatas *a bRélatass*

pain el pan *pann*; **pain complet** el pan integral *pann inntégRal*; **pain de campagne** el pan campesino *pann kammpéssino*; **pain de mie** el pan de molde *pann dé moldé*
paire el par *paR*
palais el palacio *palaSio*
pamplemousse el pomelo *pomélo*
panier la cesta *Sessta*
panier-repas el almuerzo envasado *almouèRSo ennbassado*
panne la avería *abéRi-a*; **être en panne** estar averiado(a) *esstaR abéRiado(a)*
pansement el vendaje *benndaHé*; **pansement adhésif** el esparadrapo *espaRadRapo*

PAN – PEN

VOCABULAIRE FRANÇAIS-ESPAGNOL

pantalon el pantalón *panntalonn*

papeterie la papelería *papéléRi-a*

papier el papel *papél*; **papiers (d'identité)** los documentos *dokoumenntoss*; **papier hygiénique** el papel higiénico *papél iHiéniko*

paquet el paquete *pakété*

par por *poR*; **par personne** por persona *poR pèRssona*

parapluie el paraguas *paRagouass*

parc el parque *paRké*; **parc d'attractions** el parque de atracciones *paRké dé atRakSioness*

parce que porque *poRké*

parcmètre el parquímetro *paRkimétRo*

pardon! ¡perdón! *pèRdonn*

pare-brise el parabrisas *paRabRissass*

pare-chocs el parachoques *paRatchokess*

pareil parecido(a) *paRéSido(a)*

parent el/la pariente *paRiennté*

parents *(mère et père)* los padres *padRess*

parfois a veces *a béSéss*

parfum el perfume *pèRfoumé*; *(d'une glace, etc.)* el sabor *saboR*

parking el parking *paRkinn*

parler hablar *ablaR*

partie la parte *paRté*

partir salir *saliR*

passage el paso *passo*; **passage clouté** el paso de peatones *passo dé péatoness*

passer pasar *passaR*; **se passer** pasar *passaR*

pâté el paté *paté*

pâtes la pasta *passta*

patin : patins à glace los patines de cuchilla *patiness dé koutchilya*; **patins à roulettes** los patines de ruedas *patiness dé RRouédass*

patinoire la pista de patinaje *pissta dé patinaHé*

pâtisserie *(boutique)* la pastelería *passtéléRi-a*; *(gâteaux)* los pasteles *passtéless*

payer pagar *pagaR*

pays el país *pa-iss*

paysage el paisaje *pa-issaHé*

PCV : appeler en PCV llamar a cobro revertido *lyamaR a kobRo RRébéRtido*

peau la piel *piel*

pêche[1] *(fruit)* el melocotón *mélokotonn*

pêche[2] *(activité)* la pesca *pesska*; **pêche en mer** la pesca marítima *pesska maRitima*

peigne el peine *péïné*

pendant durante *douRannté*

pénicilline la penicilina *péniSilina*

penser pensar *pennsaR*

pension la pensión *pennsionn*; **demi-pension** la media pensión *média pennsionn*; **pension complète** la pensión completa *pennsionn kommpléta*; **pension de famille** la casa de huéspedes *kassa dé ouésspédess*

113

VOCABULAIRE FRANÇAIS-ESPAGNOL

PER – PLU

perdre perder pé**R**dé**R**

père el padre pad**R**é

périmé caducado(a) kadou**k**ado(a)

période el período pé**R**i-odo

périphérique la carretera de circunvalación ka**RR**été**R**a dé Si**R**kounnbalaSi**onn**

permettre permitir pè**R**miti**R**

permis el permiso pè**R**misso; **permis de conduire** el carné de conducir ka**R**né dé konndouSi**R**

personne (négatif) nadie **na**dié; (individu) la persona pè**R**sona

pétillant con gas konn gass

petit pequeño(a) pé**ké**gno(a); **petit déjeuner** el desayuno déssa**y**ouno; **petit pain** el panecillo pané**S**i**l**yo; **petits pois** los guisantes gui**ssann**tess; **petits pots** los potitos po**ti**toss

peu poco **po**ko; **un peu de** un poco de oun **po**ko dé

peur el miedo mi**é**do; **avoir peur** tener miedo téné**R** mi**é**do

peut-être puede ser pou**é**dé sé**R**

phare el faro fa**R**o

pharmacie la farmacia fa**R**maSia

photo la foto **fo**to

pièce (monnaie) la moneda mo**né**da; (dans une maison) la habitación abitaSi**onn**; **pièce de rechange** la pieza de recambio pi**é**Sa dé **RR**é**k**ammbio; **pièce d'identité** el documento de identidad dok-oumen**n**to dé idenn**ti**dad

pied el pie pi**é**; **à pied** a pie a pi**é**

pierre la piedra pi**ed**Ra

piéton el peatón pé**a**tonn

pile la pila **pi**la

pilule la píldora **pi**ldo**R**a

pince los alicates ali**ka**tess; **pince à épiler** la pinzas de depilar **pinn**Sass dé dépi**laR**

pipe la pipa **pi**pa

piquer picar pika**R**

piqûre (d'insecte) la picadura pika**dou**Ra; (médicale) el pinchazo pinn**tcha**So

piscine la piscina pis**Si**na

piste (ski) la pista **piss**ta; **piste cyclable** la pista para bicicletas **piss**ta pa**R**a biSi**k**lé**tass**

place (siège) el asiento assi**enn**to; (dans une ville) la plaza **pla**Sa; (espace) el espacio espa**S**io

plage la playa **pla**ya

plan (carte) el plano **pla**no

plaqué : plaqué or/argent chapado de oro/plata tcha**pa**do dé o**R**o/**pla**ta

plaque minéralogique la matrícula mat**R**ikoula

plat el plato **pla**to; llano(a) l**ya**no(a); **plat du jour** el plato del día **pla**to dél **di**-a

plein lleno(a) l**yé**no(a)

pleuvoir llover lyobé**R**; **il pleut** llueve lyou**é**bé

plomb : essence sans plomb la gasolina sin plomo gasso**li**na sinn **plo**mo

plombier el fontanero fonnta**né**ro

plongée sous-marine el submarinismo soubma**R**i**niss**mo

pluie la lluvia l**you**bia

plus más mass; **en plus** además adé**mass**

plusieurs varios(as) ba**R**ioss(ass)

114

VOCABULAIRE FRANÇAIS-ESPAGNOL

pneu el neumático *néoumatiko*;
pneu crevé el neumático pinchado *néoumatico pinntchado*
poche el bolsillo *bolsilyo*
poêle *(à frire)* la sartén *saRtenn*
poids el peso *pésso*
poignée el asa *assa*
poignet la muñeca *mougnéka*
point el punto *pounnto*;
à point en su punto *én sou pounnto*
pointure el número *nouméRo*
poire la pera *péRa*
poireau el puerro *pouèRRo*
poisson el pescado *péskado*
poitrine el pecho *pétcho*
poivre la pimienta *pimiennta*
poivron el pimiento *pimiennto*
police *(force publique)* la policía *poliSi-a*; *(d'assurance)* la póliza *poliSa*
policier el policía *poliSi-a*
pommade la pomada *pomada*
pomme la manzana *mannSana*;
pomme de terre la patata *patata*;
pommes frites las patatas fritas *patatass fRitass*; **pommes sautées** las patatas salteadas *patatass saltéadass*
pompier el bombero *bomm béRo*
pont el puente *pouennté*
porc la carne de cerdo *kaRné dé SèRdo*
port el puerto *pouèRto*
porte la puerta *pouèRta*
portefeuille la cartera *kaRtéRa*
porte-monnaie el monedero *monédéRo*
porter llevar *lyébaR*
portion la porción *poRSionn*
possible posible *possiblé*
poste correos *koRRéoss*
potable potable *potablé*
potage la sopa *sopa*
pot d'échappement el tubo de escape *toubo dé eskapé*
poubelle el cubo de la basura *koubo dé la bassouRa*
poudre el polvo *polbo*
poulet el pollo *polyo*
pour para *paRa*; *(en échange de)* por *poR*
pourboire la propina *pRopina*
pourquoi por qué *poR ké*
pousser empujar *emmpouHaR*
poussette el cochecito de niño *kotchéSito dé nigno*
pouvoir poder *podèR*; **je peux** puedo *pouédo*
préférer preferir *pRéféRiR*
premier primero(a) *pRiméRo(a)*;
premiers secours los primeros auxilios *pRiméRoss a-ouxilioss*
prendre tomar *tomaR*
prénom el nombre *nommbRé*
près cerca *SèRca*; **près de** cerca de *SèRka dé*
presque casi *kassi*
pressé : je suis pressé tengo prisa *tenngo pRissa*
pressing la tintorería *tinntoRéRi-a*
pression *(des pneus)* la presión *pRéssionn*
prêt listo(a) *lissto(a)*
prêtre el sacerdote *saSèRdoté*
printemps la primavera *pRimabéRa*

VOCABULAIRE
FRANÇAIS-ESPAGNOL

**PRI
RAP**

priorité la prioridad *pRioRidad*
prise de courant el enchufe *enntchoufé*
prise multiple el adaptador *adaptadoR*
privé particular *paRtikoulaR*
prix el precio *pRéSio*
problème el problema *pRobléma*
prochain próximo(a) *pRoximo(a)*
profond profundo(a) *pRofounndo(a)*
profondeur la profundidad *pRofounndidad*
promenade el paseo *passéo*
promener : se promener dar un paseo *daR oun passéo*
promettre prometer *pRométéR*
prononcer pronunciar *pRonounSiaR*
propre limpio(a) *limmpio(a)*
propriétaire el/la propietario(a) *pRopiétaRio(a)*
protestant protestante *pRotesstannté*
provenance : en provenance de procedente de *pRoSédennté dé*
provisions las provisiones *pRobissioness*
prune la ciruela *SiRouéla*
PTT Correos *koRRéoss*
pull el jersey *HèRséï*
purée el puré *pouRé*
pyjama el pijama *piHama*

quai *(de gare)* el andén *anndenn*
quand cuándo *kouanndo*
quartier el barrio *baRRio*
que que *ké*
quel cuál *koual*
quelque algun (alguna) *algoun (algouna)*; **quelque chose** algo *algo*; **quelque part** en alguna parte *én algouna paRté*; **quelqu'un** alguien *alguienn*
quelquefois a veces *a béSéss*
queue la cola *kola*; **faire la queue** hacer cola *aSéR kola*
qui quién *kienn*
quinzaine la quincena *kinnSéna*
quoi qué *ké*

radiateur el radiador *RRadiadoR*
radio la radio *RRadio*
raisins las uvas *oubass*; **raisins secs** las uvas pasas *oubass passass*
raison la razón *RRaSonn*; **avoir raison** tener razón *ténéR RRaSonn*
ralentir disminuir la velocidad *dissminouiR la béloSidad*
rallonge el prolongador *pRolonngadoR*
randonnée la caminata *kaminata*
rapide rápido(a) *RRapido(a)*

raquette la raqueta *RRakéta*
raser : se raser afeitarse *aféitaRsé*
rasoir la maquinilla de afeitar *makinilya dé aféitaR*; **rasoir électrique** la afeitadora eléctrica *aféitadoRa éléktRika*
rayon *(de grand magasin)* la sección *sékSionn*
réceptionniste el/la recepcionista *RRéSépSionissta*
réclamation la reclamación *RRéklamaSionn*
recommander recomendar *RRékomenndaR*
reçu el recibo *RRéSibo*
réduction la reducción *RRédoukSionn*
regarder mirar *miRaR*
régime el régimen *RReHimenn*; **aliments de régime** los alimentos de régimen *alimenntoss dé RRéHimenn*
région la región *RRéHionn*
rein el riñón *RRignonn*
remboursement el reembolso *RRéemmbolsso*
rembourser reembolsar *RRéemmbolsaR*
remercier agradecer *agRadéSèR*
remise : faire une remise hacer un descuento *aSéR oun desskouennto*
remorquer remolcar *RRémolkaR*
remplir llenar *lyénaR*
rencontrer encontrar *ennkonntRaR*
rendez-vous la cita *Sita*
rendre devolver *débolbéR*
renseignements la información *innfoRmaSionn*; **bureau de renseignements** la oficina de información *ofiSina dé innfoRmaSionn*
réparer reparar *RRépaRaR*
repas la comida *komida*
répéter repetir *RRépétiR*
répondre contestar *konntestaR*
réponse la respuesta *RRespouessta*
reposer : se reposer descansar *desskannsaR*
représentation la representación *RRépRessentaSionn*
réservation la reserva *RRésséRba*
réserver reservar *RRésséRbaR*
responsable responsable *RRésponnsablé*
ressemeler sobresolar *sobRéssolaR*
ressort el resorte *RRéssoRté*
restaurant el restaurante *RRéstaouRannté*
reste el resto *RRessto*
rester quedar *kédaR*
retard el retraso *RRétRasso*; **en retard** con retraso *konn RRétRasso*
retour la vuelta *bouelta*
rétroviseur el espejo retrovisor *esspéHo RRétRobissoR*
réveil *(pendule)* el despertador *desspèRtadoR*
réveiller despertar *desspéRtaR*
revenir volver *bolbéR*
rez-de-chaussée la planta baja *plannta baHa*
rhume el resfriado *RRessfRi-ado*; **rhume des foins** la fiebre del heno *fiebRé del éno*
rideau la cortina *koRtina*
rien nada *nada*
rivière el río *RRi-o*

VOCABULAIRE FRANÇAIS-ESPAGNOL

RIZ – SÉP

riz el arroz *aRRoS*
robe el vestido *besstido*
robinet el grifo *gRifo*
rognons los riñones *RRignonéss*
rond redondo(a) *RRédonndo(a)*
rose *(couleur)* rosa *RRossa*
roue la rueda *RRouéda*
rouge[1] *adj* rojo(a) *RRoHo(a)*
rouge[2] *n* : **rouge à lèvres** la barra de labios *baRRa dé labioss*
route la carretera *kaRRétéRa*
rue la calle *kalyé*
ruines las ruinas *RRouinass*

sable la arena *aRéna*
sac *(à main)* el bolso *bolsso*; **sac à dos** la mochila *motchila*; **sac de couchage** el saco de dormir *sako dé doRmiR*
sachet el saquito *sakito*; **sachet de thé** la bolsita de té *bolsita dé té*
saignant *(viande)* poco hecho *poko étcho*
saison la estación *estaSionn*
salade la ensalada *ennsalada*
sale sucio(a) *souSio(a)*
salle la sala *sala*; **salle à manger** el comedor *komédoR*; **salle d'attente** la sala de espera *sala dé espéRa*; **salle de bains** el cuarto de baño *kouaRto dé bagno*
salon *(salle de séjour)* el salón *salonn*
sandales las sandalias *sanndaliass*
sandwich el bocadillo *bokadilyo*
sang la sangre *sanngRé*
sans sin *sinn*
santé la salud *saloud*; **santé!** ¡salud! *saloud*
sauce la salsa *salsa*
saucisse la salchicha *saltchitcha*
sauf salvo *salbo*
saumon el salmón *salmonn*; **saumon fumé** el salmón ahumado *salmonn a-oumado*
savoir saber *sabéR*
savon el jabón *Habonn*
savonnette la pastilla de jabón *passtilya dé Habonn*
Scotch ® el celo *Sélo*
seau el cubo *koubo*
sec seco(a) *séko(a)*
sèche-cheveux el secador de pelo *sékadoR dé pélo*
sécher secar *sékaR*
secours el socorro *sokoRRo*; **au secours!** ¡socorro! *sokoRRo*
séjour la estancia *estannSia*
sel la sal *sal*
semaine la semana *sémana*
sens el sentido *senntido*; *(direction)* la dirección *diRekSionn*
sentier el sendero *senndéRo*
sentir sentir *senntiR*
séparément por separado *poR sépaRado*

SER – STA
VOCABULAIRE FRANÇAIS-ESPAGNOL

serrure la cerradura SéRRa**dou**Ra

serveur(euse) el/la camarero(a) kama**Ré**Ro(a)

service el servicio sé**R**bi**S**io

serviette (de bain) la toalla to**a**lya; (de table) la servilleta sèRbil**yé**ta; (pour documents) la cartera ka**R**té**R**a; **serviette hygiénique** la compresa komm**pRe**ssa

servir servir sè**R**biR; **servez-vous** sírvase usted mismo **siR**bassé ousted **miss**mo

seul solo(a) **so**lo(a)

seulement solamente sola**menn**té

shampooing el champú tchamm**pou**

short los pantalones cortos pannta**lo**ness **koR**toss

si[1] conj (condition) si si

si[2] adv (oui) sí si

siège el asiento ass**ienn**to

signer firmar fi**R**maR

s'il vous plaît por favor poR fa**boR**

simple sencillo(a) senn**Si**lyo(a)

sinon si no si no

ski el eskí és**ki**; **ski alpin** el esquí alpino és**ki** al**pi**no; **ski de fond** el esquí de paseo és**ki** dé pas**sé**o; **ski nautique** el esquí acuático és**ki** akou**a**tiko

slip los calzoncillos kalSonn**Si**lyoss; **slip de bain** el bañador bagna**doR**

sœur la hermana é**R**ma**na**

soie la seda **sé**da

soif la sed séd; **avoir soif** tener sed té**né**R séd

soir la noche **no**tché; **ce soir** esta noche **ess**ta **no**tché

soirée (soir) la noche **no**tché; (fête) la velada bé**la**da

sol el suelo sou**é**lo

soldes los saldos **sal**doss

soleil el sol sol; **coup de soleil** la insolación innsola**Si**onn

sombre oscuro(a) os**kou**Ro(a)

sommes : nous sommes somos/ estamos **so**moss/es**ta**moss

somnifère el somnífero som**ni**féRo

sont : ils/elles sont son/estan sonn/ess**tann**

sorbet el sorbete so**R**bété

sortie la salida sa**li**da; **sortie de secours** la salida de emergencia sa**li**da dé émè**R**Henn**S**ia

sortir salir sa**liR**

souhaiter desear désséa**R**

soupe la sopa **so**pa

sourd sordo(a) so**R**do(a)

sous bajo ba**H**o

sous-sol el sótano **so**tano

sous-vêtements la ropa interior **RRo**pa inntéR**io**R

soutien-gorge el sujetador souHéta**doR**

souvenir (objet) el recuerdo RRékou**éR**do

souvent a menudo a mé**nou**do

sparadrap el esparadrapo espaRad**Ra**po

spectacle el espectáculo espek**ta**koulo

sport el deporte dé**poR**té

stade el estadio es**ta**dio

starter el starter esta**R**tèr

station la estación esta**S**ionn; **station de lavage** el lavadero de coches laba**dé**Ro dé **ko**tchéss;

VOCABULAIRE FRANÇAIS-ESPAGNOL
STA – TEN

station de taxis la parada de taxis *paRada dé taxiss*

stationner aparcar *apaRkaR*

station-service la estación de servicio *estaSionn dé sèRbiSio*

steak el bistec *bistek*; **steak frites** el bistec con patatas fritas *bistek kon patatass fRitass*

stylo el bolígrafo *boligRafo*

sucre el azúcar *aSoukaR*

sud el sur *souR*

suffire : ça suffit basta *bassta*

suis : je suis soy/estoy *soi/esstoï*

Suisse *(pays)* Suiza *souiSa*; *(habitant)* suizo(a) *souiSo(a)*

suivant siguiente *siguiennte*

suivre seguir *séguiR*

super *(essence)* súper *soupèR*; *(formidable)* estupendo(a) *estoupenndo(a)*

supermarché el supermercado *soupèRméRkado*

supplément el suplemento *souplémennto*

sur sobre *sobRé*

sûr seguro(a) *ségouRo(a)*

surgelé congelado(a) *konnHélado(a)*

surprise la sorpresa *soRpRéssa*

sympathique simpático(a) *simmpatiko(a)*

synagogue la sinagoga *sinagoga*

syndicat d'initiative la oficina de turismo *ofiSina dé touRissmo*

tabac *(débit)* el estanco *éstannko*; *(pour fumer)* el tabaco *tabako*

table la mesa *méssa*

taille la talla *talya*

talon *(de chaussure)* el tacón *takonn*

tampons los tampones *tammponess*

tard tarde *taRdé*; **au plus tard** a más tardar *a mass taRdaR*

tarif tarifa *taRifa*

tarte la tarta *taRta*

tasse la taza *taSa*

taux de change el cambio *kammbio*

taxi el taxi *taxi*

Télécarte ® la tarjeta de teléfono *taRHéta dé téléfono*

télécopie el fax *fax*

télégramme el telegrama *télégRama*

téléphone el teléfono *téléfono*

téléphoner llamar por teléfono *lyamaR poR téléfono*

télévision la televisión *télébissionn*

témoin el testigo *tesstigo*

température la temperatura *temmpéRatouRa*

tempête la tormenta *toRmennta*

temple la iglesia protestante *igléssia pRotesstannté*

temps el tiempo *tiemmpo*

tenir tener *ténéR*

tennis el tenis *téniss*; *(chaussures)* las zapatillas de deporte *Sapatilyass dé dépoRté*

TEN – TSH

VOCABULAIRE FRANÇAIS-ESPAGNOL

tente la tienda de campaña *tiennda dé kammpagna*

terrasse la terraza *téRRaSa*

tête la cabeza *kabéSa*

thé el té *té*; **thé au citron** el té con limón *té konn limonn*;
thé au lait el té con leche *té konn létché*;
thé nature el té solo *té solo*

théâtre el teatro *téatRo*

Thermos ® el termo *tèRmo*

ticket el billete *bilyété*;
ticket de caisse el tique de la caja *tiké dé la kaHa*

tiède tibio(a) *tibio(a)*

timbre(-poste) el sello *sélyo*

tire-bouchon el sacacorchos *sakakoRtchoss*

tirer tirar *tiRaR*

tisane la tisana *tissana*

tissu el tejido *téHido*

toast la tostada *tosstada*

toilette los servicios *séRbiSioss*

tomate el tomate *tomaté*

tomber caer *kaéR*

torchon el trapo *tRapo*

tôt temprano *temmpRano*

toucher tocar *tokaR*

toujours siempre *siemmpRé*

tour *(édifice)* la torre *toRRé*;
(excursion) la vuelta *bouelta*;
faire un tour dar una vuelta *daR ouna bouelta*; **tour de poitrine/ de taille/de hanches** el perímetro de pecho/cintura/caderas *péRimétRo dé pétcho/ SinntouRa/kadéRass*

touriste el/la turista *touRissta*

tourner torcer *toRSéR*

tournevis el destornillador *desstoRnilyadoR*

tousser toser *tosséR*

tout todo(a) *todo(a)*; *(toute chose)* todo *todo*; **tous les jours** cada día *kada di-a*; **tout de suite** en seguida *én séguida*; **tout droit** todo recto *todo RRekto*; **toute la journée** todo el día *todo él di-a*; **tout le monde** todo el mundo *todo él mounndo*

toux la tos *toss*

traduire traducir *tRadouSiR*

train el tren *tRénn*

tranche *(de pain)* la rebanada *RRébanada*; *(de jambon)* loncha *lonntcha*; *(de fruits)* tajada *taHada*

tranquille tranquilo(a) *tRannkilo(a)*

transmission la transmisión *tRannsmissionn*

travail el trabajo *tRabaHo*

travailler trabajar *tRabaHaR*

traversée la travesía *tRabéssi-a*

traverser cruzar *kRouSaR*

très muy *mouï*

trop demasiado *démassiado*;
trop de demasiado(a) *démassiado(a)*

trottoir la acera *aSéRa*

trouver encontrar *ennkonntRaR*;
se trouver encontrarse *ennkonntRaRsé*

t-shirt la camiseta *kamisséta*

VOCABULAIRE
FRANÇAIS-ESPAGNOL
TU – VÉT

tu tú *tou*
tunnel el túnel *tounel*
TVA el IVA *iba*

un (une) un (una) *oun (ouna)*
unité la unidad *ounidad*
urgence la urgencia *ouRHennSia*
urgent urgente *ouRHennté*
utile útil *outil*
utiliser emplear *emmpléaR*

vacances las vacaciones *bakaSionéss*; **en vacances** de vacaciones *dé bakaSionéss*
vaisselle los platos *platoss*; la vajilla *baHilya*; **faire la vaisselle** fregar los platos *fRégaR loss platoss*
valable válido(a) *balido(a)*
valise la maleta *maléta*

vallée el valle *balyé*
vanille la vainilla *bainilya*
vaporisateur el vaporizador *bapoRiSadoR*
vase el florero *floRéRo*
veau el ternero *tèRnéRo*
végétarien vegetariano(a) *béHétaRiano(a)*
vélo la bici *biSi*
vendeur(euse) el vendedor (la vendedora) *benndédoR (benndédoRa)*
vendre vender *benndéR*
venir venir *béniR*
vent el viento *biennto*
vente la venta *bennta*
ventilateur el ventilador *benntiladoR*
ventre el estómago *estomago*
verglacé helado(a) *élado(a)*
verglas el hielo en el pavimento *iélo én él pabimennto*
vérifier verificar *béRifikaR*
vernis à ongles el esmalte para uñas *essmalté paRa ougnass*
verre *(matière)* el vidrio *bidRi-o*; *(pour boire)* el vaso *basso*; **verres de contact** las lentes de contacto *lenntess dé konntakto*
vers hacia *aSia*
vert verde *bèRdé*
veste la chaqueta *tchakéta*
vestiaire la guardarropa *gouaRdaRRopa*
vêtements la ropa *RRopa*
vétérinaire el veterinario *bétéRinaRio*

VIA – WAG

VOCABULAIRE
FRANÇAIS-ESPAGNOL

viande la carne *kaRné*
vide vacío(a) *baSi-o(a)*
vie la vida *bida*
vieux viejo(a) *biéHo(a)*
village el pueblo *pouéblo*
ville la ciudad *Si-oudad*
vin el vino *bino*; **vin en pichet/en bouteille** el vino en jarra/en botella *bino én HaRRa/én botélya*;
vin blanc/rosé/rouge el vino blanco/ rosado/tinto *bino blannko/ RRossado/tinnto*
vinaigre el vinagre *binagRé*
vinaigrette la vinagreta *binagRéta*
violet morado *moRado*
virage la curva *kouRba*
vis el tornillo *toRnilyo*
visa el visado *bissado*
visage la cara *kaRa*
visite la visita *bissita*;
visite guidée la visita guiada *bissita gui-ada*
visiter visitar *bissitaR*
vite de prisa *dé pRissa*
vitesse la velocidad *béloSidad*;
boîte de vitesses la caja de cambios *kaHa dé kammbioss*
vitre el cristal *kRisstal*
vitrine el escaparate *eskapaRaté*
vivre vivir *bibiR*
vœu : meilleurs vœux muchas felicidades *mouchass féliSidadess*
voici aquí está(n) *aki esta(nn)*
voie la vía *bi-a*
voilà ahí está(n) *a-i esta(nn)*

voilier el velero *béléRo*
voir ver *béR*
voisin el vecino *béSino*
voiture el coche *kotché*
vol *(délit)* el robo *RRobo*;
(en avion) el vuelo *bouélo*;
vol charter el vuelo chárter *bouélo tchaRtèr*; **vol régulier** el vuelo regular *bouélo RRégoulaR*
voler *(dérober)* robar *RRobaR*; *(en avion)* volar *bolaR*
vomir vomitar *bomitaR*
vos sus *souss*
votre su *sou*
vouloir querer *kéRéR*; **je voudrais** quisiera *kissiéRa*
vous usted *oustéd*
voyage el viaje *biaHé*
vrai verdadero(a) *béRdadéRo(a)*
vue la vista *bissta*

wagon el vagón *bagonn*
wagon-lit el coche-cama *kotché-kama*
wagon-restaurant el vagón restaurante *bagonn RRésta-ouRannté*

VOCABULAIRE FRANÇAIS-ESPAGNOL
WC – ZOO

W.-C. wáter *batéR*
week-end el fin de semana
 finn dé sémana
whisky el whisky *wiski*

yaourt el yogur *yogouR*
yeux los ojos *oHoss*

zoo el zoológico *SoloHiko*

A – ADV

DICTIONNAIRE ESPAGNOL-FRANÇAIS

a : à; **a la estación** à la gare; **a las 4** à 4 heures; **a 30 kilómetros** à 30 kilomètres; **a la izquierda/derecha** à gauche/à droite; **de lunes a viernes** du lundi au vendredi

abadía f abbaye

abajo en bas; **hacia abajo** en bas

abeja f abeille

abierto(a) ouvert

abogado m avocat

abonados mpl abonnés

abonar abonner

abono m abonnement

abril m avril

abrir ouvrir; **abrir por aquí** ouvrir ici

abrochar attacher; **abrocharse los cinturones** attachez vos ceintures

abstener : **absténgase de visitas turísticas durante la celebración del culto** prière de ne pas visiter l'église pendant l'office

abuela f grand-mère

abuelo m grand-père

acampar camper

acceso m : **acceso andenes** accès aux quais; **acceso prohibido a peatones** interdit aux piétons; **acceso vías** accès aux voies

accesorios mpl accessoires

accidente m accident

aceite m huile; **el aceite bronceador** huile solaire; **el aceite de oliva** huile d'olive

aceituna f olive; **las aceitunas aliñadas** olives aux aromates

acelgas fpl côtes de bette; **las acelgas en menestra** côtes de bettes cuites avec des pommes de terre, de l'ail et des œufs

acera f trottoir

acondicionador de pelo m après-shampooing

aconsejar conseiller; **se aconseja…** il est conseillé de…

acotado : **acotado de pesca** réserve de pêche

acto m acte; **en el acto** sur-le-champ

actor m acteur

actriz f actrice

acuerdo m : **¡de acuerdo!** d'accord!

adiós au revoir; adieu

administración f administration

admitirse : **no se admiten cambios** ni reprises ni échanges; **no se admiten cheques** les chèques ne sont pas acceptés; **no se admiten comidas de fuera** il est interdit d'apporter sa nourriture; **no se admiten devoluciones** aucun remboursement ne sera effectué; **no se admiten propinas** pourboires interdits; **no se admiten tarjetas de crédito** les cartes de crédit ne sont pas acceptées; **se admiten huéspedes** hôtes acceptés

adobado(a) mariné dans du vinaigre avec de l'ail et des fines herbes

aduana f douane

adulto(a) : **para adultos** pour adultes

advertir avertir

DICTIONNAIRE
ESPAGNOL-FRANÇAIS

AER – ALG

aerobús m avion à grande capacité qui effectue de courts et moyens trajets

aerolínea f compagnie aérienne

aeropuerto m aéroport

afeitadora f rasoir électrique

agencia f agence; **la agencia de la propiedad inmobiliaria** agence immobilière; **la agencia de seguros** compagnie d'assurances; **la agencia de viajes** agence de voyages

agitar : agítese antes de usar bien agiter avant l'emploi

agosto m août

agotado(a) épuisé

agradecer remercier

agridulce aigre-doux

agua f eau; **el agua destilada** eau distillée; **el agua con gas** eau gazeuse; **el agua del grifo** eau du robinet; **el agua mineral** eau minérale; **el agua no potable** eau non potable; **el agua potable** eau potable; **el agua de seltz** eau de Seltz

aguacate m avocat

aguardar : aguarde su turno veuillez attendre votre tour

aguja (paladar) f espadon

ahogarse se noyer

ahumado(a) fumé

aire m air; **al aire libre** à l'air libre; **aire acondicionado** climatisation

ají m piment

ajillo m **: al ajillo** à l'ail

ajo m ail; **el ajo blanco** sorte de gaspacho blanc composé d'ail, de pain, d'huile d'olive, de vinaigre et d'eau

ala f aile

a la carta à la carte

alarma f alarme; **la alarma de incendios** avertisseur d'incendie

albaricoque m abricot

Albariño del Palacio m vin blanc à boire jeune

albergue m auberge; **el albergue de carretera** auberge située au bord d'une nationale; **el albergue juvenil** auberge de jeunesse

albóndiga f boulette

alcachofa f artichaut; **las alcachofas con jamón** artichauts au jambon

alcance m **: manténgase fuera del alcance de los niños** tenir hors de portée des enfants

alcaparras fpl câpres

alcohol m alcool; **sin alcohol** sans alcool; **el alcohol desnaturalizado** alcool dénaturé

alcohólico(a) alcoolisé

Alella région située près de Barcelone produisant des vins rouges et blancs fruités

alergia f allergie

alérgico(a) a... allergique à...

aletas fpl ailettes

alfarería f poterie

alfombra f tapis

algas fpl algues

algo quelque chose; **¿algo más?** quelque chose d'autre?

algodón m coton; **el algodón hidrófilo** coton hydrophile
Alicante m vin rouge, fort en alcool et avec du corps
alimentación f (magasin d')alimentation
alimento m nourriture; **los alimentos infantiles** nourriture pour bébés; **los alimentos de régimen** produits de régime
alioli m aïoli
alitas de pollo fpl ailes de poulet
all i oli m aïoli
almacén m magasin; **los grandes almacenes** grands magasins
almeja f clovisse; praire; **las almejas a la marinera** clovisses marinières
almendra f amande; **las almendras garrapiñadas** amandes pralinées
almíbar m sirop
almuerzo m déjeuner
alojamiento m logement
alquilar louer; **se alquila** à louer
alquiler m location; **el alquiler de coches con conductor** location de voiture avec chauffeur; **el alquiler de coches sin conductor** location de voiture sans chauffeur
altavoz m haut-parleur
¡alto! stop!
alto(a) : **alta tensión** haute tension
altura f altitude; hauteur
alubia f : **las alubias blancas** haricots blancs; **las alubias pintas** haricots rouges
amable aimable; gentil
amarillo(a) jaune

ambientador m désodorisant
ambulancia f ambulance
ambulatorio m dispensaire
americana f veste
Amontillado m vin de xérès demi-sec
amperio m ampère
ampolla f ampoule
análisis m analyse; **los análisis clínicos** analyses médicales; **el análisis de sangre/orina** analyse de sang/d'urine
ananás m ananas
ancas fpl : **las ancas de rana** cuisses de grenouille
anchoa f anchois
anchura f largeur
ancla f ancre
Andalucía f Andalousie
andaluz(a) andalou
andar marcher
andén m quai
añejo(a) millésimé
anguila f anguille
angula f civelle (jeune anguille)
anís m anis
anisete m anisette
año m an; **el Año Nuevo** nouvel an
ante m daim
antena f antenne
anteojos mpl jumelles; lunettes
antes avant
antiadherente antiadhésif
antibiótico m antibiotique
anticonceptivo m contraceptif
anticongelante m antigel

DICTIONNAIRE ESPAGNOL-FRANÇAIS

ANT – ARR

antigüedades *fpl* antiquités
antiguo(a) ancien
antihistamínico *m* antihistaminique
antiséptico *m* antiseptique
anular annuler
anunciar annoncer
apagado(a) éteint
apagar éteindre
aparato *m* appareil
aparcamiento *m* parking; **el aparcamiento subterráneo** parking souterrain
aparcar stationner; **por favor no aparcar** prière de ne pas stationner
apartadero *m* (petite) aire de stationnement
apartado de Correos *m* boîte postale
apartamento *m* appartement
apdo. *voir* **apartado de Correos**
apeadero *m* arrêt
apellido *m* nom; **el apellido de soltera** nom de jeune fille
aperitivo *m* apéritif; amuse-gueule
apertura *f* **: la apertura de cuentas** ouverture d'un compte
apio *m* céleri
aplazar ajourner
aplicar : apliquese la crema en... appliquer la crème sur...
apostar parier
apretar presser; pousser
aprovechar : ¡que aproveche! bon appétit!

apto(a) : apto para menores pour tous publics
aquí ici; **por aquí, por favor** par ici, s'il vous plaît
arcén *m* accotement; bas-côté
área *f* **: área oficial** réservé au personnel; **el área de servicio** aire de service
arena *f* sable
arenque *m* hareng
arma *f* **: las armas de fuego** armes à feu
armario *m* armoire
armería *f* armurerie
arrendatario(a) *m/f* locataire
arriba en haut; **de arriba** d'en haut; **hacia arriba** en haut
arrojar jeter
arroz *m* riz; **el arroz a banda** mélange de poissons et de fruits de mer servis avec du riz cuit dans du bouillon; **el arroz blanco** riz blanc; **el arroz a la cubana** riz accompagné d'œufs sur le plat, de banane et d'une sauce tomate; **el arroz a la española** riz cuit dans du bouillon de poisson, avec des foies de poulet et des tomates; **el arroz con leche** riz au lait; **el arroz a la levantina** riz avec des coquillages, des artichauts, des petits pois, des tomates; **el arroz a la milanesa** riz frit avec des foies de poulet, du lard, des tomates, des petits pois; **el arroz murciano** riz avec du porc, des tomates, des poivrons et de l'ail; **el arroz a la**

primavera riz et légumes servis avec une sauce hollandaise piquante

arte *m* art

artesanía *f* boutique d'artisanat; **de artesanía** fait main

artesanías *fpl* ouvrages d'artisan

artículo *m* **: los artículos de fumador** accessoires pour fumeur; **los artículos del hogar** produits ménagers; **los artículos de ocasión** articles en solde; **los artículos de piel** articles de cuir; **los artículos de tocador** articles de toilette; **los artículos de viaje** articles de voyage

asadero de pollos *m* poulets rôtis à emporter

asado *m* rôti

asado(a) rôti

ascensor *m* ascenseur

asegurado(a) assuré

asegurar assurer; **asegurarse** s'assurer

aseos *mpl* toilettes

asiento *m* siège

asistencia *f* **: asistencia técnica** assistance technique

asma *f* asthme

aspirina *f* aspirine

atención *f* **: atención a su luz** attention à vos phares; **atención, obras** danger, travaux; **atención al tren** attention aux trains

Atlántico *m* (océan) Atlantique

atomizador *m* atomiseur

atrás derrière

atraso *m* retard

atún *m* thon; **el atún encebollado** thon préparé avec des oignons, des tomates, de l'ail, du persil et des noix; **el atún a la vinagreta** thon à la vinaigrette

auricular *m* écouteur

auriculares *mpl* casque (à écouteurs)

auto *m* auto

autobús *m* autobus

autocar *m* autocar

autoestop *m* **: hacer autoestop** faire de l'auto-stop

autolavado *m* station de lavage (automatique)

automático(a) automatique; **el coche automático** voiture (à boîte de vitesses) automatique

automotor *m* autorail

autopista *f* autoroute; **la autopista de peaje** autoroute à péage

autorizado(a) autorisé; **autorizado subir y bajar viajeros** arrêt autorisé uniquement pour faire monter ou descendre des passagers

autoservicio *m* self-service

auxilio *m* aide; **Auxilio en Carretera** secours routier

Av., Avda. *voir* **avenida**

avellana *f* noisette

avenida *f* avenue

avería *f* panne

aves *fpl* volailles; **aves y caza** volailles et gibier

avión *m* avion

avisar informer

aviso m avis; avertissement
ayuda f aide
ayuntamiento m hôtel de ville
azafrán m safran
azúcar m sucre
azul bleu

baca f galerie *(d'une automobile)*; bâche
bacalao m morue; **el bacalao encebollado** morue à l'étouffée avec des oignons et des œufs; **el bacalao al pilpil** morue frite avec de l'ail
bahía f baie
bailador(a) m/f danseur(euse)
baile m danse
bajar descendre; tomber
bajo(a) bas; court; doux; **más bajo** plus bas
balcón m balcon
balneario m station balnéaire
balón m ballon
baloncesto m basket-ball
bañador m maillot de bain; baigneur
bañarse se baigner; **prohibido bañarse** baignade interdite
banca f banque
bancario(a) bancaire
banco m banque; banc
banda f fanfare
bandeja f plateau
bandera f drapeau
baño m bain; salle de bains; **con baño** avec salle de bains
barato(a) bon marché
barbería f coiffeur
barca f barque
barco m navire; bateau
barra f bar; comptoir; **la barra de pan** baguette de pain
barrera f barrière; glissière de sécurité
barrio m quartier; banlieue; **el barrio chino** quartier chaud
basura f ordures
batido m lait battu et parfumé; **el batido de fresa** lait battu et parfumé à la fraise
bebé m bébé
beber boire
bebida f boisson; **las bebidas alcohólicas** boissons alcoolisées; **la bebida no alcohólica** boisson non alcoolisée
berberecho m coque
berenjena f aubergine
berza f chou
besugo m daurade; **el besugo a la donostiarra** daurade grillée servie avec une sauce à l'ail et au citron

biberón m biberon
biblioteca f bibliothèque
bicicleta f bicyclette
bien bien; **está bien** c'est bien; **muy bien** très bien
bienvenida f bienvenue
bienvenido(a) bienvenu
biftec m bifteck
bifurcación f bifurcation
bikini m ≈ croque-monsieur
billete m billet; **el billete de banco** billet de banque; **el billete de ida** (billet) aller simple; **el billete de ida y vuelta** (billet) aller et retour; **los billetes de cercanías** billet pour un court trajet; **los billetes de largo recorrido** billet pour un long trajet
biquini m ≈ croque-monsieur
bistec m bifteck
bisutería f bijouterie de fantaisie
bizcocho m biscuit; **el bizcocho borracho** ≈ baba au rhum
blanco(a) blanc; **en blanco** en blanc; **un blanco y negro** café noir avec une cuillerée de glace
boca f bouche
bocadillo m sandwich; **bocadillos** en-cas; casse-croûte; **un bocadillo de jamón** sandwich au jambon
bodega f cave; magasin de spiritueux
boîte f boîte de nuit
bola f boule
bolera f boulodrome
bollería f pâtisserie
bollo m ≈ brioche; petit pain

bolsa f sac; **la bolsa de plástico** sac en plastique; **la bolsa de viaje** sac de voyage
bolso m sac (à main); **el bolso de mano** sac à main
bombero m pompier
bombona f : **la bombona de gas** bouteille de gaz
bombonería f confiserie
bombones mpl chocolats
bonito m thon
bonito(a) joli
bonobús m carte d'abonnement pour autobus
boquerón m anchois frais; **los boquerones en vinagre** anchois au vinaigre, servis avec de l'ail et du persil
bordado(a) brodé
bordo m : **a bordo del barco** à bord du bateau
bosque m bois
bota f botte; **la bota de esquí** chaussure de ski
bote m canot; **el bote salvavidas** canot de sauvetage
botella f bouteille
botiquín m trousse de secours
botones m chasseur (d'hôtel)
braga-pañales mpl couches-culottes
brasa f : **a la brasa** braisé
brazo m bras; **el brazo de gitano** sorte de biscuit roulé
brevas fpl figues d'été
bricolaje m bricolage
británico(a) britannique

DICTIONNAIRE ESPAGNOL-FRANÇAIS

BRO – CAF

brocheta de ternera f brochette de veau

bronceado(a) bronzé

broncearse bronzer

bronquitis f bronchite

brújula f boussole

bucear nager sous l'eau; faire de la plongée sous-marine

budín m pudding

bueno(a) bon; bien; ¡**buenos días!** bonjour!; ¡**buenas tardes!** bonjour! *(l'après-midi)*; bonsoir! *(jusqu'au coucher du soleil)*; ¡**buenas noches!** bonsoir!; bonne nuit!

bufé (*ou* **bufet**) **libre** m buffet à volonté

bujía f bougie

bulevar m boulevard

buñuelo m beignet; **los buñuelos de viento** petits beignets fourrés à la crème

burro m âne

bus m **: sólo bus** réservé aux autobus; **el bus aeropuerto** autobus pour l'aéroport

butaca f **: las butacas de platea/ de patio** fauteuils d'orchestre

butano m butane

butifarra f saucisse catalane

caballa f maquereau

Caballeros mpl Messieurs

caballo m cheval; **montar a caballo** monter à cheval

cabello m cheveu

cabeza f tête

cabina f cabine; **la cabina pública de télex** cabine publique de télex; **la cabina telefónica** cabine téléphonique

cable m fil; câble

cabritilla : de cabritilla en chevreau

cabrito m chevreau; **cabrito asado** chevreau rôti

cacahuete m cacahuète

cacao m cacao

cachemir (*ou* **cachemira**) m (f) cachemire

cada chaque; tout; **cada semana** chaque semaine; **cada uno (c/u)** chacun

caducado(a) périmé

caducidad f **: la fecha de caducidad** date d'expiration; date de péremption

caerse tomber

café m café; **el café con leche** café au lait; **el café cortado** café avec un petit peu de lait; **el café descafeinado** café décaféiné; **el café exprés** (café) express; **el café en grano** café en grains; **el café con hielo** café glacé; **el café instantáneo** café instantané; **el café manchado** café avec un nuage de lait; **el café molido** café moulu; **el café solo** café noir; **el corto de café** café avec beaucoup de lait

cafetería f cafétéria

caja f boîte; caisse; tiroir-caisse; **la caja de ahorros** caisse d'épargne; **la caja fuerte** coffre-fort; **la caja postal de ahorros** caisse d'épargne de la poste

cajero(a) m/f guichetier; caissier; **el cajero automático** distributeur automatique (de billets)

cajetilla f : **la cajetilla de cigarrillos** paquet de cigarettes

calabacín m courgette; **los calabacines rellenos** courgettes farcies

calabaza f courge

calamares mpl calmars; **los calamares a la marinera** calmars préparés avec des oignons, de l'ail et du paprika; **los calamares rellenos** calmars farcis; **los calamares a la romana** beignets de calmars; **los calamares en su tinta** calmars cuits dans leur encre

caldereta f : **la caldereta asturiana** poissons et crustacés cuits dans du xérès avec des poivrons; **la caldereta de cordero** ragoût d'agneau avec des oignons, de l'ail et de la menthe

caldo m bouillon; soupe; **el caldo canario** soupe épaisse faite à base de porc et de courges; **el caldo de cocido** bouillon d'une sorte de pot-au-feu; **el caldo gallego** soupe claire à base de légumes, de porc et de haricots; **el caldo de verduras** bouillon de légumes

calefacción f chauffage; **la calefacción central** chauffage central

calentador m : **el calentador de agua** chauffe-eau

calentar chauffer

calidad f qualité

caliente chaud

calle f rue; **la calle de dirección única** rue à sens unique

callejero m plan des rues

callejón m : **callejón sin salida** impasse

callos mpl tripes; **los callos a la madrileña** tripes avec une sauce épicée à l'ail et au chorizo

calmante m calmant

calzada f chaussée; **calzada deteriorada** chaussée déformée; **calzada en mal estado** chaussée en mauvais état

calzado m chaussures; **calzados** magasin de chaussures

cama f lit; **la cama individual** lit d'une personne; **la cama de matrimonio** lit de deux personnes; **las camas separadas/gemelas** lits jumeaux

cámara f caméra; **la cámara fotográfica** appareil photo

camarera f serveuse

camarero m barman; garçon (de café)

camarón m crevette

camarote m cabine

cambiar changer; échanger

cambio m change; changement; **cambio de cheques** encaissement de chèques; **cambio de sentido**

DICTIONNAIRE ESPAGNOL-FRANÇAIS

CAM – CAR

changement de direction

camino m chemin; route; **camino cerrado** voie fermée; **camino particular** chemin privé

camión m camion

camioneta f camionnette

camisería f chemiserie

camping m camping; **el camping gas** Camping-Gaz ®

campo m champ; campagne; **el campo de golf** terrain de golf

caña f canne; verre de bière à la pression;
la caña de cerveza verre de bière à la pression;
la caña de pescar canne à pêche

canapé m canapé

cancelar annuler

cancha f: **la cancha de tenis** court de tennis

canela f cannelle

canelones mpl cannelloni

cangrejo m crabe; **el cangrejo de río** écrevisse

canguro m baby-sitter

cantante m/f chanteur(euse)

cantina f buvette

capilla f chapelle

capitán m capitaine

cápsulas fpl capsules

cara f visage

caracoles mpl escargots

caramelo m bonbon; caramel

caravana f caravane

carbonada f carbonnade accompagnée de tomates, d'oignons et de pommes de terre

carburador m carburateur

carburante m carburant

carga f charge; chargement

cargar charger; **cargar en cuenta** débiter

cargo m charge; chargement; **a cargo del cliente** à la charge du client

carnaval m carnaval

carne f viande; **la carne de membrillo** pâte de coing

carné (ou **carnet**) **de conducir** m permis de conduire

carné (ou **carnet**) **de identidad** m carte d'identité

carnicería f boucherie

carpa f carpe

carpintería f menuiserie

carrera f course;
las carreras de caballos course de chevaux

carretera f route; ≈ route nationale; **carretera cortada/bloqueada por la nieve** route fermée/bloquée par la neige; **la carretera de circunvalación** périphérique; **la carretera comarcal** route départementale; **la carretera de doble sentido** route à deux voies; **la carretera local** petite route; **la carretera nacional** route nationale; **la carretera secundaria** route secondaire

carril m voie (sur la route); ornière; **el carril de la izquierda** la voie de gauche

carrito m chariot (à bagages)

carta f lettre; carte; **la carta aérea** lettre par avion; **la carta certificada** lettre recommandée; **la carta verde** carte verte; **la carta de vinos** carte des vins

cartelera f rubrique spectacles

cartera f portefeuille

carterista m pickpocket

casa f maison; foyer; **casa particular ofrece habitaciones** chambres d'hôte disponibles; **la casa de campo** maison de campagne; **la casa de huéspedes** pension de famille; **la casa de socorro** poste de secours

casado(a) marié

casco m casque

casero(a) fait maison; **la comida casera** cuisine familiale

caseta f cabine de bain

casilla f casier

casillero de consigna m consigne automatique

caso m : **en caso de** en cas de; **en caso de avería, diríjanse a…** en cas de panne, appeler… ; **en caso de incendio rompan el cristal** en cas d'incendie, brisez la glace; **en caso de reclamaciones diríjanse a…** en cas de réclamations, veuillez vous adresser à…

castaña f châtaigne; **las castañas pilongas** châtaignes séchées au four

castellano(a) castillan

Castellblanch m vin mousseux doux et fruité

castillo m château

catalán (catalana) catalan

catedral f cathédrale

causa f : **a causa de** à cause de

causar causer

cava m vin mousseux catalan

caza f chasse; gibier

cazuela f : **a la cazuela** à la casserole

cebolla f oignon

cebolleta f ciboulette

cecina f viande séchée

ceder : **ceder/ceda el paso** céder/ cédez le passage

CEE f CEE

cementerio m cimetière

cena f dîner; souper

centollo m araignée de mer

central f : **la central telefónica** central téléphonique

centralita f standard *(téléphonique)*

centro m centre; **el centro asistencial** centre médico-social; **el centro de la ciudad** centre-ville; **el centro comercial** centre commercial; **el centro urbano** centre urbain

cera f cire

cerámica f céramique; poterie

cerca proche; **cerca de** près de

cercanías fpl environs

cerdo m porc

cereal m céréale

cereza f cerise

cerilla f allumette

cerrado(a) fermé; **cerrado por reforma** fermé pour travaux;

DICTIONNAIRE ESPAGNOL-FRANÇAIS

CER – CHU

cerrado por vacaciones fermé pour les vacances

cerrar fermer; **cerramos los sábados por la tarde** fermé le samedi après-midi

certificado m certificat; **certificados** lettres recommandées; **el certificado de seguros** attestation d'assurance

certificado(a) recommandé

certificar recommander

cervecería f bar à bières; brasserie

cerveza f bière; **la cerveza de barril** bière pression; **la cerveza negra** bière brune

césped f gazon

cesta f panier à provisions

cestería f vannerie

Chacolí m vin basque, léger et mousseux (rouge ou blanc)

chalé (ou **chalet**) m villa

chaleco m : **el chaleco salvavidas** gilet de sauvetage

champán m champagne

champaña m champagne

champiñon m champignon

champú m shampooing

chanfaina f ragoût d'abats de chèvre ou de porc avec des légumes

chanquetes mpl petit poisson

chapado(a) : **chapado de oro** plaqué or

charcutería f charcuterie

cheque m : **el cheque de viaje** chèque de voyage

chica f fille; jeune fille

chicle m chewing-gum; **chicle sin azúcar** chewing-gum sans sucre

chico(a) petit

chile m piment

chilindrón m : **al chilindrón** rôti avec des tomates, des poivrons, des oignons et de l'ail

chinchón m ≈ anisette

chipirones mpl petits calmars

chirimoya f anone (fruit tropical)

chiringuito m bar

chocolate m chocolat; **el chocolate con churros** chocolat chaud servi avec des beignets; **el chocolate con leche** chocolat au lait; **el chocolate sin leche** chocolat noir; **el choco-late a la taza** chocolat à cuire

chocolatería f salon de thé spécialisé dans la vente de chocolat chaud avec des beignets

chopitos mpl petits calmars

chorizo m chorizo

choto m : **el choto al ajillo** chevreau à l'ail et à l'huile

chuleta f côtelette; **la chuleta de cerdo** côtelette de porc; **las chuletas de cordero** côtelettes d'agneau ou de mouton; **las chuletas de ternera** côtelettes de veau

chuletón m côte de bœuf

churrasco m grillade

churrería f stand où on vend des churros

churro *m* sorte de beignet que l'on trempe dans du chocolat ou du café

ciclista *m/f* cycliste

cien cent; **ciento uno(a)** cent un; **cien gramos de...** cent grammes de...

cierren : por favor, cierren la puerta fermez la porte, s'il vous plaît

cigala *f* langoustine; **las cigalas cocidas** langoustines cuites; **las cigalas a la plancha** langoustines grillées

cigarrillo *m* cigarette

cigarro *m* cigare; **el cigarro puro** cigare

cinco cinq

cine *m* cinéma

cinta *f* ruban; **la cinta adhesiva** ruban adhésif; **la cinta limpiadora** bande nettoyante; **la cinta virgen** bande vierge

cinturón *m* ceinture; **el cinturón salvavidas** ceinture de sauvetage; **el cinturón de seguridad** ceinture de sécurité

circo *m* cirque

circuito cicloturista *m* circuit cyclotouriste

circulación *f* circulation

circular circuler; marcher; **circule a su derecha** roulez à droite; **circula a diario** service quotidien

ciruela *f* prune

cirujano *m* chirurgien

ciudad *f* ville

clarete *m* vin rouge clair et léger

claro(a) clair

clase *f* classe; **la clase preferente** classe affaires; **la clase turista** classe touriste

clasificado(a) : clasificada S réservé aux adultes *(film)*

cliente *m/f* client

climatizado(a) climatisé

clínica *f* clinique; maison de repos; **la clínica dental** cabinet dentaire

club nocturno *m* boîte de nuit

cobrador *m* receveur

cobrar mettre sur le compte de; encaisser

cobro *m* encaissement; **cobros** retraits

cocer cuire; bouillir

coche *m* voiture; **el coche será devuelto en...** la voiture sera rendue à...; **el coche de alquiler** voiture de location

coche-cama *m* wagon-lit

cochinillo *m* cochon de lait; cochonnet

cocido *m* ≈ pot-au-feu avec des pois chiches

cocido(a) cuit; bouilli

cocina *f* cuisine; cuisinière; **la cocina española** la cuisine espagnole

cocinar cuisiner

coco *m* noix de coco

cóctel *m* cocktail

código *m* code; **el código de la circulación** code de la route; **el código postal** code postal

codorniz *f* caille; **las codornices asadas** cailles rôties

coger attraper; prendre

DICTIONNAIRE ESPAGNOL-FRANÇAIS

COL – CON

col f chou; **las coles de Bruselas** choux de Bruxelles

cola f colle; queue

colchón m : **el colchón hinchable/ neumático** matelas pneumatique

colegio m école; collège

colgar suspendre

coliflor f chou-fleur; **la coliflor al ajo arriero** chou-fleur cuit à l'eau et servi avec une sauce à l'ail et au paprika

colilla f : **no tire colillas** ne pas jeter vos mégots

colonia f eau de Cologne

comedor m salle à manger

comenzar commencer

comer manger

comercio m commerce; affaires

comestibles mpl épicerie

comida f repas; nourriture; déjeuner; **comidas caseras** cuisine familiale

comisaría f commissariat

como comme; **¿cómo?** comment?; **¿cómo está(s)?** comment allez-vous (vas-tu)?; **¿cómo se llama/te llamas?** comment vous appelez-vous/ t'appelles-tu?

compañia f : **la compañia de seguros** compagnie d'assurance

compartimiento m compartiment

completo(a) complet

comportarse : **compórtese con el debido respeto** veuillez respecter ce lieu

compota f compote; **la compota de frutas** compote de fruits

compra f achat; **compras** achats

comprar acheter; **se compra oro/ plata** on achète l'or/l'argent

compraventa achat-vente

comprender comprendre

compresas fpl serviettes hygiéniques

comprobante m reçu; quittance

comprobar vérifier; **compruebe su cambio** vérifiez votre monnaie

con avec

coñac m cognac

concesionario m concessionnaire

concha f coquille; **una concha de ensaladilla** petite portion de salade russe servie comme en-cas

concierto m concert

concurso m concours

condición f condition; **las condiciones de circulacíon** les conditions de circulation

condimento m condiment

conducir conduire

conductor(a) m/f conducteur

conectar connecter; brancher

conejo m lapin; **el conejo con caracoles** lapin aux escargots; **el conejo a la cazadora** lapin chasseur; **el conejo guisado** lapin en civet

confección f : **de confección** prêt-à-porter; **confecciones caballero**

confection hommes; **confecciones niño** confection enfants; **confecciones señora** confection dames

conferencia f conférence; **la conferencia a cobro revertido** appel en PCV; **la conferencia interurbana/a larga distancia** communication interurbaine

confitería f confiserie

confitura f confiture

congelado(a) congelé

congelador m congélateur

congrio m congre; **el congrio asado** congre rôti; **el congrio en cazuela** congre à la casserole (avec des légumes et du vin)

conjunto m groupe

conserje m concierge; **conserje de hotel** portier

conserjería f loge (du concierge); réception

conservar conserver; **conserve su billete** conservez votre billet; **consérvese en lugar fresco y seco** à conserver au frais et au sec

conservas fpl conserves

consigna f consigne

consomé m consommé; **el consomé de ave** bouillon de poulet; **el consomé de gallina** bouillon de poule; **el consomé al jerez** consommé au xérès; **el consomé madrileño** soupe à l'oignon

consulado m consulat

consultar consulter

consultorio m cabinet médical

consumición f : **consumición mínima** consommation minimale

consumir consommer; utiliser; **consumir preferentemente antes de...** à consommer de préférence avant...

contacto m contact

contado m : **al contado** comptant

contenido m contenu

contento(a) content

contrato m contrat

control m contrôle; **el control de pasaportes** contrôle des passeports; **el control de la policía** contrôle de police; **el control de seguridad** contrôle de sécurité

convento m couvent; monastère

copa f coupe; verre; **la copa de helado** coupe de glace

coquinas fpl petites clovisses

corail m train corail

cordero m agneau; mouton; **el cordero asado** mouton grillé; **el cordero al chilindrón** mouton rôti avec une sauce à l'ail et au paprika

cordillera f chaîne de montagnes

correo m courrier; **correos** bureau de poste

corrida de toros f corrida

corriente f courant

corsetería f lingerie

cortado m café avec un petit peu

DICTIONNAIRE ESPAGNOL-FRANÇAIS

COR – CUI

de lait

cortar couper

corte m coupe; **el corte de helado** tranche de glace; **el corte de pelo** coupe de cheveux

corto m : **el corto de café** café avec beaucoup de lait

cosecha f récolte

costilla f côtelette

cotizaciones fpl taux de change

coto m : **coto de caza** réserve de chasse; **coto de pesca** réserve de pêche

crédito m crédit; **a crédito** à crédit

crema f crème; **la crema de afeitar** crème à raser; **la crema bronceadora** crème solaire; **la crema catalana** ≈ crème caramel; **la crema de champiñones/espárragos** velouté de champignon/crème d'asperge; **la crema dental** dentifrice; **la crema labial** baume pour les lèvres; **la crema limpiadora** crème démaquillante; **la crema de manos** crème pour les mains; **la crema de menta** crème de menthe; **la crema nutritiva** crème nutritive; **la crema suavizante** après-shampooing

crepe f crêpe

cristalería f cristallerie; magasin de vitres

croqueta f croquette

cruce m intersection; croisement

crucero m croisière

cruzar croiser

c/u chacun

cuajada f ≈ fromage blanc

cuando quand; **¿cuándo?** quand?

cuánto combien; **¿cuánto(a)?** combien de?

cuarentena f quarantaine

cuarto m chambre; **el cuarto de baño** salle de bains; **el cuarto de estar** salle de séjour

cuatro quatre

cubalibre m cuba libre (rhum ou gin et coca)

cubata cuba libre (rhum ou gin et coca)

cubertería f couverts

cubierta f pont

cubierto(a) couvert; à l'intérieur; **cubierto no. 3** menu nº 3; **los cubiertos** les couverts

cubo m seau; **el cubo de la basura** poubelle

cucurucho m cornet de glace

cuello m cou; col

cuenta f addition; compte; **cuentas corrientes** comptes courants; **la cuenta bancaria** compte en banque; **la cuenta de gastos** note de frais

cuero m cuir

cuerpo m corps; **el cuerpo de bomberos** caserne des pompiers

cueva f grotte; cave

cuidado m soin; **¡cuidado!** attention!; **cuidado con el perro** attention au chien

cuidar faire attention à; **cuide la compostura** tenue décente

cumbre f sommet
curva f virage;
 curvas peligrosas en 2 km virages dangereux à 2 km

Damas fpl dames
dar donner
dátil m datte
de de; depuis
debajo sous; en dessous
deber devoir
declarar déclarer;
 nada que declarar rien à déclarer
deformar : **no se deforma** ne se déforme pas
degustación f dégustation;
 degustación de vinos dégustation de vins
dejar laisser; **dejar libre la salida** sortie – ne pas stationner;
 dejen las bolsas a la entrada veuillez laisser vos sacs à l'entrée;
 dejen libre el portón laisser le passage; **por favor dejar en blanco** prière de laisser en blanc
delante de devant
delicado(a) délicat

denominación f : **denominación de origen** appellation d'origine
dentífrico m dentifrice
dentífrico(a) dentifrice
dentista m/f dentiste
dentro (de) dans
departamento m compartiment; département
dependiente(a) m/f vendeur(euse)
deporte m sport
deportivo(a) sportif; de sport
depósito m dépôt; **el depósito de gasolina** réservoir d'essence
derecha f droite; **a la derecha** à droite
derecho m droit;
 los derechos de aduana droits de douane; **libre de derechos de aduana** exempt de droits de douane
derecho(a) droit(e)
desabrochar déboutonner
desayuno m petit déjeuner
descafeinado(a) décaféiné
descalzo(a) pieds nus
descanso m repos; mi-temps
descarga f décharge
descenso m : **descenso peligroso** descente dangereuse
descolgar dépendre; décrocher
desconectar débrancher
descongelar décongeler
descuento m remise
desde depuis; de
desear désirer
desembarcadero m débarcadère

DICTIONNAIRE ESPAGNOL-FRANÇAIS

DES – DIR

desembarcar débarquer
desenchufado(a) fermé; débranché
desfile *m* défilé
desinfectante *m* désinfectant
desinfectar désinfecter
desmaquillador *m* démaquillant
desnatado(a) écrémé
desnivel *m* dénivellation
desodorante *m* déodorant; **desodorante ambiental** désodorisant
despacho *m* bureau; **el despacho de billetes** guichet; **el despacho de pan** boulangerie
despacio lentement; **cierren despacio** fermez doucement
despegue *m* décollage
desperfectos *mpl* dégâts; défauts
despertador *m* réveil
despertarse se réveiller
después après
desteñir : no destiñe grand teint
destilería *f* distillerie
destinatario *m* destinataire
destino *m* destination
desviación *f* déviation
desviar dévier
desvío *m* déviation; **desvío provisional** déviation provisoire
detalle *m* : **al detalle** au détail
detergente *m* détergent; liquide vaisselle
detrás (de) derrière
devolución *f* remboursement; retour; **no se admiten devoluciones** les articles ne sont ni repris ni échangés

devolver rendre; remettre; **devolver el dinero** rembourser; **no devuelve cambio** ne rend pas la monnaie
día *m* jour; **todo el día** toute la journée; **el día comercial** jour ouvrable; **el día festivo** jour férié; **el día de fiesta** jour de fête; **el día laborable** jour ouvrable; **el día de mercado** jour de marché; **el día de semana** jour de la semaine
diabético(a) *m/f* diabétique
diapositiva *f* diapositive
diario *m* quotidien
diario(a) journal
diarrea *f* diarrhée
diciembre *m* décembre
diente *m* dent
diez dix
diferencia *f* différence
difícil difficile
dinero *m* argent
dirección *f* direction; adresse; **dirección prohibida** défense d'entrer; **dirección única** sens unique; **la dirección local** adresse locale; **la dirección particular** adresse personnelle; **la dirección permanente** adresse permanente
directo(a) direct; **el tren directo** train direct
director *m* directeur; président *(d'une compagnie)*; directeur; **el director gerente** directeur général
dirigirse a se diriger vers; parler à

DICTIONNAIRE ESPAGNOL-FRANÇAIS

disco m disque; **el disco de estacionamiento** disque de stationnement
discoteca f discothèque; boîte de nuit
discrecional facultatif
diseño m : **diseños exclusivos** dessins exclusifs
disfraz m déguisement; masque
disminuir : **disminuir la marcha** réduire la vitesse
disolver dissoudre
disponible disponible
dispositivo m dispositif
distancia f distance
distinto(a) distinct; différent
distribuidor m distributeur; **el distribuidor automático** distributeur automatique
distrito m secteur; arrondissement; **el distrito postal** district postal
divisa f devise
doblado(a) doublé
doble double
docena f douzaine
documentación f papiers; **la documentación (del coche)** les papiers (de la voiture)
documental m documentaire
dólar m dollar
dolor m douleur; **el dolor de cabeza** mal de tête; **el dolor de espalda** mal de dos; **el dolor de estómago** douleur d'estomac; **el dolor de garganta** mal de gorge; **el dolor de muelas** rage de dents
domicilio m domicile

domingo m dimanche
don m Monsieur *(suivi du prénom)*
donde où; **¿dónde?** où?
dorada f daurade
dormir dormir
dormitorio m chambre à coucher
dorso m dos; **véase al dorso** voir au dos
dos deux; **dos veces** deux fois
dosis f dose; dosage
droguería f droguerie
ducha f douche; **con ducha** avec douche
dueño m propriétaire
dulce sucré
dulces mpl sucreries
duración f : **de larga duración** longue durée
durante pendant

edad f âge
edificio m bâtiment
efectivo m : **en efectivo** en liquide
efecto m : **los efectos personales** effets personnels
el le

DICTIONNAIRE
ESPAGNOL-FRANÇAIS

ÉL – ENT

él il; lui
electricidad f électricité
eléctrico(a) électrique
electrodomésticos mpl appareils électroménagers
elegir choisir
ella elle
ellas elles
ello ceci
ellos eux
embajada f ambassade
embalse m réservoir
embarazo m grossesse
embarcadero m embarcadère
embarcarse s'embarquer
embarque m embarquement
embutidos mpl charcuterie
emergencia f urgence
emitido : emitido por émis par
empanada f friand; **las empanadas de carne** friand à la viande
empanadilla f chausson; friand
empanado(a) pané
emparedado m sandwich
empezar commencer
empleo m emploi; utilisation
empresa f entreprise
empujar pousser; **empuje** poussez
en dans; sur
encaje m dentelle
encendedor m briquet
encender allumer; **encender las luces** allumez vos phares
encendido m allumage
encendido(a) allumé

enchufar brancher
enchufe m prise
encía f gencive
encima de sur; sur le dessus de
encogerse rétrécir; **no encoge** ne rétrécit pas
encontrar trouver
encurtidos mpl conserves au vinaigre
endibias fpl endives
enero m janvier
enfermera f infirmière
enfermería f infirmerie; premiers secours
enfrente de en face de
engrase m graissage
enjuagar rincer
enlace m correspondance; **el enlace de la autopista** bretelle d'autoroute
enlazar assurer la liaison
ensaimada f gâteau (en forme de spirale)
ensalada f salade; **la ensalada de anchoas** salade d'anchois et d'œufs durs; **la ensalada de lechuga y tomate** salade verte avec des tomates; **la ensalada mixta** salade mixte; **la ensalada verde** salade verte
ensaladilla f : **la ensaladilla rusa** salade russe
enseñar montrer; **por favor, enseñen los bolsos a la salida** prière de montrer son sac avant de sortir
entender comprendre
entero(a) entier
entrada f entrée; billet; **entradas**

entrées; **entrada libre** entrée libre; **entrada por delante** entrée sur le devant

entrantes *mpl* entrées

entrar entrer; **antes de entrar, dejen salir** laissez descendre les passagers avant de monter

entre parmi; entre

entreacto *m* entracte

entrecot *m* entrecôte

entrega *f* livraison; **entrega en el acto** livraison immédiate; **la entrega de equipajes** livraison des bagages; **la entrega de paquetes** livraison des paquets

entregar livrer

entremeses *mpl* hors-d'œuvre; **los entremeses variados** hors-d'œuvre variés

entresuelo *m* entresol

envase *m* récipient; **envase no retornable** bouteille non consignée

enviar envoyer

envolver envelopper

equipaje *m* bagages; **el equipaje de mano** bagages à main; **el equipaje permitido** bagages autorisés

equipo *m* équipement

equitación *f* équitation

es il/elle est; c'est

esa cette... -là; **ésa** celle-là

esas ces... -là; **ésas** celles-là

escabechado(a) mariné

escabeche *m* marinade; **en escabeche** mariné; **el escabeche de pescado** marinade de poisson

escala *f* escale

escalera *f* escalier; échelle; **la escalera de incendios** escalier de secours; **la escalera mecánica** escalier mécanique

escalón *m* marche; échelon

escalope *m* escalope; **los escalopes de ternera** escalopes de veau

escoger choisir

escombros *mpl* décombres

escribir écrire

escrito : por escrito par écrit

escuchar écouter

escuela *f* école

escurrir égoutter

ese ce; **ése** celui-là

esmalte *m* **: el esmalte para las uñas** vernis à ongles

eso ceci

esos ces... -là; **ésos** ceux-là

espacio *m* espace

espaguetis *mpl* spaghetti

España *f* Espagne

español(a) espagnol

esparadrapo *m* sparadrap

espárragos *mpl* asperges; **los espárragos trigueros** asperges sauvages

especialidad *f* spécialité

especialista *m* spécialiste

espectáculo *m* spectacle

espejo *m* miroir; **el espejo retrovisor** rétroviseur

espera *f* attente

esperar attendre

espetos *mpl* sardines grillées

espinacas *fpl* épinards

DICTIONNAIRE
ESPAGNOL-FRANÇAIS

ESP – EXT

esposa *f* épouse

esposo *m* mari

espuma *f* mousse; écume;
la espuma de afeitar mousse à raser

espumoso *m* vin mousseux

espumoso(a) mousseux; pétillant

esq. *voir* **esquina**

esquí *m* ski; **el esquí acuático** ski nautique

esquina *f* angle; **esquina (esq.) Goya y Corrientes** à l'angle des rues Goya et Corrientes

esta cette… -ci; **ésta** celle-ci

establecimiento *m* magasin

estación *f* gare; saison; station; arrêt de bus; **la estación de autobuses** gare routière; **la estación de metro** station de métro; **la estación marítima** port; **la estación de servicio** station-service

estacionamiento *m* parking

estacionar stationner

estadio *m* stade; terrain de football

Estados Unidos (EE.UU.) *mpl* États-Unis

estampilla *f* timbre-poste

estanco *m* bureau de tabac

estar être; **está Ud en lugar sagrado** vous êtes dans un endroit sacré

estas ces… -ci; **éstas** celles-ci

este[1] ce… -ci; **éste** celui-ci

este[2] *m* est

esto ceci

estofado *m* ragoût à l'étouffée

estos ces… -ci; **éstos** ceux-ci

estrecho(a) étroit

estreñimiento *m* constipation

estreno *m* inauguration; première; **el estreno de gala** grande première

estropeado(a) hors service

estudiante *m/f* étudiant

estufa *f* poêle *(chauffage)*

etiqueta *f* label; étiquette; griffe; **de etiqueta** de soirée

evitar éviter

exceso *m* excès; **el exceso de equipaje** excédent de bagages

excursión *f* promenade; excursion; **la excursión a pie** randonnée pédestre

existir : existe libro de reclamaciones cahier de réclamation à votre disposition

expedido(a) expédié

expedidor *m* expéditeur

exponer : no exponer a los rayos solares ne pas exposer au soleil

exposición *f* exposition

expreso *m* express *(train)*

extintor *m* extincteur

extranjero(a) *m/f* étranger; **en el extranjero** à l'étranger

fabada *f* ≈ cassoulet
fábrica *f* usine
fácil facile
facilitar : facilite el cambio préparez votre monnaie
factura *f* facture; **la factura desglosada** facture détaillée
facturación *f* **: la facturación de equipajes** enregistrement des bagages
faisán *m* faisan
falda *f* jupe
familia *f* famille
farmacia *f* pharmacie; **la farmacia de guardia** pharmacie de garde
faro *m* phare; **el faro antiniebla** feu de brouillard
favor *m* **: por favor** s'il vous plaît
f.c. *voir* **ferrocarril**
febrero *m* février
fecha *f* date; **fecha de adquisición** date d'achat; **fecha de caducidad** date d'expiration; date de péremption; **fecha de expedición** date d'expédition; **fecha de nacimiento** date de naissance
femenino(a) féminin
feria *f* foire; fête
ferretería *f* quincaillerie
ferrobús *m* autorail
ferrocarril (f.c.) *m* chemin de fer; **por ferrocarril** par chemin de fer
festivos *mpl* jours fériés
fiambre *m* repas froid; **el fiambre variado** assiette anglaise
fiar : no se fía on ne fait pas crédit
fibra *f* fibre

ficha *f* jeton; fiche
fideos *mpl* vermicelles
fiebre *f* fièvre
fiesta *f* fête; jour férié
figón *m* gargote
fijador *m* fixateur
fila *f* file
filete *m* filet; **los filetes de lenguado** filets de sole; **el filete de lomo (de vaca)** filet (de bœuf)
filial *f* filiale
filtro *m* filtre; **con filtro** avec filtre; **sin filtro** sans filtre
fin *m* fin; **el fin de semana** fin de semaine
finca *f* ferme; propriété
Fino *m* xérès sec et léger
firma *f* signature
firme *m* **: firme en mal estado** revêtement en mauvais état; **firme deslizante** chaussée glissante
flan *m* crème caramel; flan; **el flan de la casa** crème caramel maison; **el flan con nata** flan à la crème
flete *m* fret
flor *f* fleur
floristería *f* magasin de fleurs
flotador *m* flotteur
flúor *m* fluor
fonda *f* pension; taverne; petit restaurant
Fondillón *m* vin rouge d'Alicante
formulario *m* formulaire
fósforo *m* allumette
foto *f* photo
fotocopia *f* photocopie

fotógrafo *m* photographe
frágil fragile
frambuesa *f* framboise
francés (francesa) français
Francia *f* France
franco *m* : **franco francés** franc français
franqueo *m* affranchissement
fregar : **fregar los platos** faire la vaisselle
freiduría *f* friterie *(de poissons)*
frenar freiner
freno *m* frein
frente : **en frente** en face
fresa *f* fraise
fresco(a) frais
fresón *m* fraise
frigorífico *m* réfrigérateur
frío(a) froid; **sírvase frío** servir froid
fritada *f* : **la fritada de pimientos y tomates** friture de poivrons et de tomates
frito(a) frit
fritura *f* friture
frontera *f* frontière
fruta *f* fruit; **la fruta del tiempo** fruit de saison
frutería *f* fruiterie
frutos secos *mpl* fruits secs
fuego *m* feu; **los fuegos artificiales** feux d'artifice
fuente *f* fontaine
fuera au-dehors; dehors
fuera-borda *f* hors-bord
fuerte fort; bruyant
fuerza *f* force

fumador(a) *m/f* fumeur; **no fumadores** non-fumeurs
fumar fumer; **prohibido fumar** interdit de fumer; **no fumar** interdit de fumer
funcionar fonctionner; **no funciona** hors service
furgón de equipajes *m* wagon à bagages
furgoneta *f* fourgonnette
fusible *m* fusible

gachas *fpl* potée de chou et de pommes de terre
gafas *fpl* lunettes; **las gafas de esquí** lunettes de ski
galería de arte *f* galerie d'art
gallego(a) galicien
galleta *f* biscuit; **las galletas saladas** biscuits salés
gamba *f* crevette; **las gambas al ajillo** crevettes à l'ail; **las gambas con gabardina** crevettes en beignets; **las gambas al pilpil** crevettes grillées avec de l'ail, de l'huile et des piments; **las gambas a la plancha** crevettes grillées
gamuza *f* peau de chamois

ganga *f* occasion
garaje *m* garage
garantía *f* garantie
garantizado(a) garanti
garbanzo *m* pois chiche
garganta *f* gorge
garrafa *f* carafe
gas *m* gaz; **con gas** gazeux; **sin gas** non gazeux; **el gas butano** gaz butane
gasa *f* gaze; couche
gaseosa *f* limonade; boisson gazeuse
gasoil *m* gazole
gasóleo *m* gazole
gasolina *f* essence; **gasolina normal** ordinaire; **gasolina súper** super
gasolinera *f* station-service
gato *m* cric; chat
gazpacho *m* gaspacho (potage froid à base de légumes crus)
género *m* : **los géneros de punto** tricot
gerente *m/f* gérant
gimnasio *m* gymnase
ginebra *f* gin
ginecólogo(a) *m/f* gynécologue
giro *m* : **giros y transferencias** virements et transferts; **el giro postal** mandat (postal)
glorieta *f* rond-point
goma *f* caoutchouc
gomaespuma *f* caoutchouc mousse
gorro de baño *m* bonnet de bain
gota *f* goutte

gracias merci
grada *f* marche; **gradas** gradins
gran *voir* **grande**
granada *f* grenade
Gran Bretaña *f* Grande-Bretagne
grande large; grand
grandes almacenes *mpl* grands magasins
granja *f* ferme
gratén *m* : **al gratén** au gratin
gratinado(a) au gratin
gratis gratuit
gravilla suelta *f* gravillons
grelo *m* jeune navet
grifo *m* robinet
gripe *f* grippe
grúa *f* grue; dépanneuse
grupo *m* groupe; **el grupo sanguíneo** groupe sanguin
gruta *f* grotte
guantera *f* boîte à gants
guardacostas *m* garde-côte
guardar mettre de côté; garder
guardarropa *m* vestiaire
guardería *f* garderie
guardia *f* garde; **la Guardia Civil de Carreteras** police de la route; **el guardia de tráfico** policier de la route
guarnición *f* : **la guarnición de legumbres** garniture de légumes
guía *m/f* guide; **la guía del ocio** guide des spectacles; **la guía telefónica** annuaire téléphonique
guinda *f* griotte
guisantes *mpl* petits pois

DICTIONNAIRE ESPAGNOL-FRANÇAIS

GUI – HÍG

guiso *m* ragoût
guitarra *f* guitare
gustar plaire; **¿le gusta… ?** aimez-vous… ?

haba *f* fève; **las habas a la catalana** fèves cuites au vin blanc avec du lard, des oignons et des tomates; **las habas con jamón** fèves sautées avec du jambon; **las habas a la rondeña** fèves frites avec des poivrons rouges, des tomates, des oignons et du lard
habano *m* cigare
habichuelas *fpl* haricots
habitación *f* chambre; **la habitación doble** chambre double; **la habitación individual** chambre individuelle
hablar parler; **se habla francés** on parle français
hacer faire; **se hacen llaves en el acto** clés-minute; **se hacen traducciones** on fait des traductions; **se hacen trajes a medida** costumes faits sur mesure
hacia vers; **hacia adelante** en avant; **hacia atrás** en arrière

hacienda *f* ferme; ranch
hamburguesa *f* hamburger; **la hamburguesa con guarnición** hamburger garni
hamburguesería *f* restaurant servant des hamburgers
hasta jusqu'à
hay il y a; **hay que hacer transbordo en Madrid** vous devez changer de train à Madrid
hecho(a) fini; fait; **hecho a mano** fait main; **hecho a la medida** fait sur mesure
helada *f* gel; **peligro – heladas** danger – verglas
heladería *f* glacier
helado *m* glace; **el helado de nata** glace à la crème; **el helado de ron con pasas** glace rhum-raisins; **el helado de turrón** glace au touron; **el helado de tuttifrutti** glace tutti-frutti; **el helado de vainilla** glace à la vanille
hemorragia *f* hémorragie
hemorroides *fpl* hémorroïdes
herbolario *m* herboristerie
herida *f* blessure
hermana *f* sœur
hermano *m* frère
herramienta *f* outil
hervir bouillir
hidropedal *m* Pédalo ®
hielo *m* glace; **con hielo** avec des glaçons
hierbabuena *f* menthe
hígado *m* foie; **el hígado con cebolla** foie de veau sauté aux oignons;

el hígado de ternera salteado foie de veau sauté avec une sauce au vin, persil, beurre et ail

higo m figue; **los higos chumbos** figue de Barbarie

hija f fille

hijo m fils

hipermercado m hypermarché

hípica f concours hippique

hipódromo m hippodrome

hogar m foyer

hojaldre m pâte feuilletée

¡hola! salut!

hombre m homme

hora f heure; **hora prescrita de llegada** heure d'arrivée; **hora prevista de llegada** heure d'arrivée prévue; **las horas de oficina** heures de bureau

horario m horaire; **el horario de atención al público** heures d'ouverture au public; **el horario de caja** heures d'ouverture; **el horario de salidas** horaire de départ

horchata (de chufa) f boisson froide à base d'amandes

hormiga f fourmi

hornillo m : **el hornillo de camping gas** Camping-Gaz ®

horno m four; **al horno** au four; rôti

hospedería f hôtellerie

hostal m auberge

hostelería f hôtellerie

hoy aujourd'hui

huésped m hôte; invité

huéspedes mpl : **casa de huéspedes** pension de famille

huevas fpl œufs de poisson

huevo m œuf; **el huevo hilado** glaçage à base de jaune d'œuf et de sucre; **el huevo pasado por agua** œuf à la coque; **los huevos de aldea** œufs fermiers; **los huevos con chorizo** œufs au chorizo; **los huevos duros** œufs durs; **los huevos escalfados** œufs pochés; **los huevos a la española** œufs avec une sauce au fromage; **los huevos a la flamenca** œufs au four avec du lard et des petits pois; **los huevos fritos** œufs frits; **los huevos fritos al nido** œufs frits avec des tranches de pain; **los huevos con migas** œufs frits avec de la mie de pain; **los huevos con patatas** œufs frits avec des pommes de terre; **los huevos al plato** œufs sur le plat; **los huevos revueltos** œufs brouillés

ida f aller; **de ida y vuelta** aller et retour

idioma m langue

iglesia f église

impar impair; **impares** stationnement autorisé les jours impairs

importe m montant; **el importe exacto** montant exact; **el importe final** montant total
imprescindible indispensable
impreso m imprimé
impresos mpl imprimés; **impresos certificados** imprimés en recommandé
incendio m incendie
incluido(a) inclus; incluant
independiente indépendant
indicaciones fpl indications
indicativo m indicatif (téléphonique); **el indicativo de la población** l'indicatif de la ville
índice m index
individual individuel
infección f infection
inferior inférieur; plus bas
inflamable inflammable
inflamación f inflammation
información f information; **informaciones** renseignements
infracción f infraction; **la infracción de tráfico** infraction au Code de la route
Inglaterra f Angleterre
inglés(esa) anglais
inmobiliaria f agence immobilière
inmueble m immeuble
inoxidable inoxydable
inquilino m locataire
inscribirse s'inscrire
insecticida m insecticide
insolación f insolation

instituto m institut; **el instituto de belleza** institut de beauté
instrucciones fpl instructions
integral : el pan integral pain complet
interés m intérêt
interior intérieur
intermedio m intermède
internacional international
intérprete m interprète
interruptor m interrupteur
interurbano(a) interurbain
intoxicación f : **la intoxicación por alimentos** intoxication alimentaire
introducir introduire; **introduzca monedas** introduisez les pièces
invernadero m serre
invierno m hiver
invitación f invitation
invitado(a) m/f invité
inyección f injection
ir aller
isla f île
itinerario m itinéraire
IVA : IVA incluido TVA incluse
izquierda f gauche; **a la izquierda** à gauche
izquierdo(a) gauche

jabón *m* savon; **el jabón líquido** savon liquide; **el jabón en polvo** lessive en poudre; savon en poudre; **el jabón de tocador** savon de toilette

jamón *m* jambon; **el jamón cocido/de York** jambon blanc; **el jamón de Jabugo** jambon de montagne andalou; **el jamón serrano** jambon de montagne

jaqueca *f* migraine

jarabe *m* sirop; **el jarabe para la tos** sirop pour la toux

jardín *m* jardin; **el jardín botánico** jardin botanique; **el jardín zoológico** jardin zoologique

jarra *f* jarre; **la jarra de cerveza** chope de bière

jefe *m* chef; patron; **el jefe de estación** chef de gare; **el jefe de tren** chef de train

jerez *m* xérès

joya *f* bijou; **las joyas** bijoux; **las joyas de fantasía** bijoux fantaisie

joyería *f* bijouterie

jubilados *mpl* retraités

judías *fpl* haricots; **las judías blancas** haricots blancs; **las judías con chorizo** haricots blancs au chorizo; **las judías salteadas con gambas** haricots sautés avec des crevettes; **las judías salteadas con jamón** haricots sautés avec du jambon; **las judías verdes** haricots verts; **las judías verdes a la riojana** haricots verts avec de la saucisse, des oignons et des côtes de porc

juego *m* jeu

jueves *m* jeudi

jugador(a) *m/f* joueur(euse)

jugar jouer

jugo *m* jus

juguetería *f* magasin de jouets

julio *m* juillet

Jumilla *m* vin rouge sec de Murcie

junio *m* juin

junto a à côté de

kilometraje *m* kilométrage; **kilometraje ilimitado** kilométrage illimité

kilómetro *m* kilomètre

DICTIONNAIRE ESPAGNOL-FRANÇAIS

LA – LEN

la la; celle

labio *m* lèvre

laborable ouvrable; **laborables** jours ouvrables; **laborables de 9 a 20 h** les jours ouvrables, de 9h à 20h

laca *f* laque

lado *m* côté; **al lado de** à côté de

lago *m* lac

Lágrima *m* vin rouge de Malaga

Laguardia *m* vin rouge léger de Rioja

lampistería *f* réparations électriques

lana *f* laine; **de lana** en laine

lancha *f* vedette; **la lancha motora** vedette rapide

langosta *f* langouste

langostino *m* grosse crevette

largo(a) long; **largo recorrido** longue distance

largometraje *m* long métrage

las les; celles

lata *f* boîte; **en lata** en boîte

lateral latéral

Latinoamérica *f* Amérique latine

latinoamericano(a) latino-américain

lavable lavable

lavabo *m* toilettes; lavabo

lavadero *m* buanderie

lavado(a) : lavado y engrase lavage, vidange et graissage; **lavado y marcado** shampooing et mise en plis; **lavado en seco** nettoyage à sec

lavadora *f* machine à laver

lavandería *f* laverie; pressing

lavar(se) (se) laver

laxante *m* laxatif

le le; lui; vous

leche *f* lait; **con leche** au lait; **la leche condensada** lait condensé sucré; **la leche desnatada** lait écrémé; **la leche entera** lait entier; **la leche concentrada evaporada** lait condensé non sucré; **la leche fresca** lait frais; **la leche frita** sorte de crème anglaise cuite à laquelle on a ajouté de la farine et que l'on fait frire; **la leche hidratante** lait hydratant; **la leche de larga duración/uperisada** lait longue conservation/UHT; **la leche merengada** crème glacée aux blancs d'œufs; **la leche en polvo** lait en poudre; **leche de vaca** lait de vache

lechón *m* cochon de lait

lechuga *f* laitue

leer lire

legumbres *fpl* légumes *(secs)*

lejía *f* eau de Javel

lencería *f* lingerie; linge de corps

lengua *f* langue; **las lenguas de gato** langues de chat

lenguado *m* sole; **el lenguado a la plancha** sole grillée; **el lenguado meunière** sole meunière; **los lenguados rellenos** filets de sole farcis avec des crevettes

lente *f* lentille; **las lentes de contacto** verres de contact

lentejas *fpl* lentilles

León m vin sec léger de León
letrero m panonceau
levantar(se) (se) lever
libra f livre
libre libre; **libre de impuestos** hors taxes; **dejen libre el portón** ne pas stationner devant le portail
librería f librairie
libro m livre; **libro de reclamaciones** cahier de réclamation
licencia f licence; diplôme; **la licencia de pesca** permis de pêche
licor m liqueur; **los licores** les spiritueux
lidia f combat de taureaux
liebre f lièvre
ligero(a) léger
lima f lime
límite m limite; **el límite de velocidad** limitation de vitesse
limón m citron
limonada f citronnade
limosnas fpl aumônes
limpiar nettoyer; **limpiar en seco** nettoyer à sec
limpieza en seco f nettoyage à sec
limpio(a) propre
línea f ligne; **las líneas aéreas** compagnies aériennes
lino m lin
linterna f lampe de poche
liquidación f : **liquidación total** soldes avant la nouvelle collection; vente avant liquidation
líquido m liquide
lisa f loche *(poisson)*
lista f liste; **la lista de correos** poste restante; **la lista de precios** liste des prix; **la lista de vinos** carte des vins
listo(a) prêt; **listo(a) para comer** plats cuisinés
litera f lit superposé; couchette; **literas** lits superposés; **litera reservada** couchette réservée
litoral m littoral
litro m litre
llamada f appel; **la llamada automática** communication par l'automatique; **la llamada interurbana** communication interurbaine; **la llamada telefónica** communication téléphonique; **la llamada a través de la operadora** communication via opérateur; **la llamada urbana** communication urbaine
llamar appeler; **llamar por teléfono** téléphoner
llave f clé
Lleg. *voir* **llegada**
llegada f arrivée; **llegadas (Lleg.)** arrivées; **llegada nacional** arrivée des vols intérieurs
llegar arriver; venir
llenar remplir
llevar porter; prendre; **para llevar** à emporter
llueve il pleut
lluvia f pluie

lo le

local m local; bar;
  local climatizado local climatisé

localidad f place; **las localidades** places

loción f lotion;
  la loción contra los insectos lotion anti-insecte; **la loción para después del afeitado** lotion après-rasage; **la loción desmaquillante** lotion démaquillante

lombarda f chou rouge

lomo m : **el lomo de cerdo** filet de porc; **el lomo relleno** filet de porc farci

loncha f tranche

longaniza f saucisse

lubina f loup de mer;
  la lubina cocida loup au court-bouillon; **la lubina a la flor de tomillo** loup au thym

lubricantes mpl lubrifiants

luces voir **luz**

lugar m endroit;
  el lugar de nacimiento lieu de naissance; **el lugar de expedición** expédié de…

lujo m luxe;
  de lujo de luxe

lunes m lundi

luz f lumière; phare;
  apagar la luz éteindre la lumière; **encender la luz** allumer (la lumière)

macarrones mpl macaronis;
  los macarrones al gratén macaronis au gratin

macedonia (de frutas) f macédoine de fruits

madre f mère

mahonesa f mayonnaise

maicena f Maïzena ®

maíz m maïs

mal voir **malo**

Málaga m vin de Malaga

malestar m malaise

maleta f valise

Mallorca f Majorque

malo(a) mauvais

mañana[1] demain

mañana[2] f matin

mancha f tache

mandarina f mandarine

manejar utiliser; conduire

manitas fpl : **las manitas de cerdo** pieds de porc

mano f main; **de segunda mano** d'occasion; **las manos de cerdo** pieds de porc

manta f couverture

mantelería f linge de table

mantener supporter; maintenir;
  manténgase fuera del alcance de los niños maintenir hors de portée des enfants; **mantenga limpia la ciudad** gardez votre ville propre; **manténgase en posición vertical** maintenir en position verticale; **por favor mantengan las puertas despejadas** prière de ne pas encombrer les portes

mantequería f crémerie
mantequilla f beurre
manzana f pomme; **las manzanas al horno** pommes au four; **las manzanas rellenas** pommes fourrées
manzanilla f camomille
Manzanilla m vin sec proche du xérès
mapa m carte; **el mapa de carreteras** carte routière
maquillaje m maquillage
máquina f machine; **la máquina de afeitar** rasoir électrique; **la máquina de fotos** appareil photo
mar m mer
marcar marquer
marea f marée; **la marea alta** marée haute; **la marea baja** marée basse
mareo m mal de mer; vertiges
marfil m ivoire
margarina f margarine
marido m mari
marinera f : **a la marinera** marinière
mariscos mpl fruits de mer; coquillages
marisquería f restaurant de fruits de mer
marroquí marocain
marroquinería f maroquinerie
Marruecos m Maroc
martes m mardi
marzo m mars
más plus
masaje m massage
material m matériel; **de material** en cuir

maternidad f maternité
matrícula f immatriculation
matrimonio m couple
máximo m maximum
mayo m mai
mayonesa f mayonnaise
mayor plus grand; **mayores de 18 años** plus de 18 ans
mayúscula f majuscule
mazapán m = pâte d'amande
mecánico m mécanicien
mechero m briquet
medallones mpl : **los medallones de ternera** médaillons de veau
media f bas
mediano(a) moyen; passable
medianoche f minuit; **las medias-noches** petits sandwiches au jambon
mediante par l'intermédiaire de
medicamentos mpl médicaments
medicina f médecine; médicament
médico m médecin
medida f mesure; taille; **a la medida** sur mesure
medio(a) demi; mi-; **una media hora** une demi-heure; **la media pensión** demi-pension
mediodía m midi; **a mediodía** à midi
mejicano(a) mexicain
mejillón m moule; **los mejillones en escabeche** moules marinées dans une sauce piquante; **los mejillones a la marinera** moules marinières; **los mejillones al vapor** moules à la vapeur;

DICTIONNAIRE ESPAGNOL-FRANÇAIS

MEL – MIS

los mejillones vinagreta moules à la vinaigrette

melaza f mélasse

melocotón m pêche; **los melocotones en almíbar** pêches au sirop en boîte

melón m melon; **el melón con jamón** melon servi avec du jambon

membrillo m coing

menaje m mobilier et accessoires d'une maison; ustensiles de cuisine; **el menaje de cocina** batterie de cuisine; **el menaje de hogar** appareils ménagers

menestra f jardinière de légumes

menor plus petit

Menorca f Minorque

menos moins; sauf

mensaje m message

mensual mensuel

menta f menthe; menthe poivrée

mentolado(a) mentholé

menú m menu; **menú del día** menu du jour; **menú fijo** table d'hôte

menudillos mpl abattis

mercado m marché

Mercado Común m Marché commun

mercancías fpl marchandises; **mercancías peligrosas** produits dangereux

mercería f mercerie

merendero m buvette

merengue m meringue

merienda f goûter; pique-nique

merluza f colin; **la merluza cocida con vinagreta** colin bouilli à la vinaigrette; **la merluza imperial** colin bouilli à la mayonnaise, servi avec des légumes; **la merluza a la plancha** colin grillé; **la merluza a la romana** beignets de colin; **la merluza en salsa verde** colin à la sauce verte; **la merluza con sidra** colin au cidre; **la merluza a la vasca** colin à la basquaise

mermelada f confiture

mero m mérou

mes m mois

mesa f table

mesón m auberge

metro m mètre; métro

mexicano(a) mexicain

mezcla f mélange; mélange deux-temps

mezquita f mosquée

microbús m minibus

miel f miel

mientras pendant (que)

miércoles m mercredi

migas fpl mie de pain frite

migraña f migraine

mil mille

mimbre m/f osier

mínimo m minimum

ministerio m ministère; **el Ministerio de Asuntos Exteriores** ministère des Affaires étrangères

minusválido(a) handicapé

minuto m minute

mirador m mirador

misa f messe

mismo(a) même
mitad f moitié; **a mitad de precio** à moitié prix
mixto(a) mélangé; mixte
moda f mode; **modas** articles de mode; **moda infantil** mode pour enfants
modelo m modèle; **modelo a cumplimentar para solicitar moneda extranjera** formulaire à remplir pour demander des devises étrangères; **modelos exclusivos** modèles exclusifs
modista f modiste
modo m mode; manière; **modo de empleo** mode d'emploi
mojama f thon salé
moldeador m minivague
molestar : no molestar ne pas déranger
molestia f ennui; tracas
molino m moulin; **el molino de viento** moulin à vent
mollejas fpl gésiers
momento m instant; moment
monasterio m monastère
moneda f monnaie; pièce; **introduzca monedas** introduisez les pièces; **la moneda extranjera** devise étrangère
montaña f montagne
montañismo m alpinisme
montar monter; **montar a caballo** monter à cheval
Montilla m vin qui ressemble à du xérès
monumento m monument

mora f mûre
moraga f : **la moraga de sardinas** sardines grillées
morcilla f boudin noir
mordedura f morsure
morros mpl museau; **los morros y sesos de ternera a la vinagreta** museau et cervelle de veau à la vinaigrette; **los morros de ternera a la vizcaína** museau de veau à la biscayenne
mosca f mouche
Moscatel m moscatel
mostaza f moutarde
mosto m moût
mostrador m comptoir
mostrar montrer
motocicleta f moto
motor m moteur
mousse f mousse; **la mousse de chocolate** mousse au chocolat; **la mousse de limón** mousse au citron
mover bouger
mucho(a) beaucoup (de); très
muebles mpl meubles
muelle m quai
muestra f exposition; échantillon
mujer f femme
multa f amende
museo m musée
música f musique
muy très

DICTIONNAIRE ESPAGNOL-FRANÇAIS

NAB – NUN

nabo *m* navet
nácar *m* nacre
nación *f* nation
nacional national
nacionalidad *f* nationalité
nada rien;
   de nada de rien;
   nada que declarer rien à déclarer
nadador(a) *m/f* nageur(euse)
nadar nager
naranja *f* orange
naranjada *f* orangeade
nariz *f* nez
nata *f* crème; **la nata batida** crème fouettée
natación *f* natation
natillas *fpl* crème renversée
natural naturel
naturista naturiste
navaja *f* couteau de poche; canif
Navarra *m* vin rouge ordinaire corsé
Navidad *f* Noël
necesario(a) nécessaire
necesitar avoir besoin de;
   se necesita… on a besoin de…
negro(a) noir
neumático *m* pneu
nevera *f* réfrigérateur; glacière
ni ni
niebla *f* brouillard; brume
nieve *f* neige
nilón *m* Nylon ®
niña *f* fille; petite fille
ningún, ninguno(a) aucun
niño *m* garçon; enfant; **los niños** enfants;
   niños de menos de 10 años enfants de moins de 10 ans
níspero *m* nèfle
nivel *m* niveau
no. *voir* **número**
no alcohólico(a) non alcoolisé
noche *f* nuit;
   esta noche cette nuit; **por una noche** pour une nuit
nochebuena *f* nuit de Noël
nochevieja *f* Saint-Sylvestre
nocivo(a) nocif
no fumador *m* non fumeurs
nombre *m* nom; **el nombre de pila** prénom
norte *m* nord
nota *f* note
notaría *f* étude de notaire
notario *m* notaire; ≈ avoué
noticias *fpl* nouvelles
noviembre *m* novembre
nueve neuf
nuevo(a) nouveau
nuez *f* noix; **las nueces con nata y miel**; noix à la crème et au miel;
   la nuez moscada noix de muscade
núm *voir* **número**
numerado(a) numéroté
número *m* numéro; nombre;
   el número del abonado numéro d'abonné; **el número de matrícula** numéro d'immatriculation;
   el número de teléfono numéro de téléphone
nunca jamais

DICTIONNAIRE ESPAGNOL-FRANÇAIS

o ou; **o... o...** ou... ou...
objeto m objet; **los objetos de regalo** cadeaux; **los objetos de valor** objets de valeur
obras fpl travaux
observar observer
obstruir obstruer; boucher; **por favor, no obstruyan las puertas** prière de ne pas obstruer les portes
océano m océan
ocho huit
ocio m loisirs
octubre m octobre
ocupado(a) occupé
odontólogo m dentiste
oeste m ouest
oferta f solde
oficina f bureau; **la oficina de objetos perdidos** bureau des objets trouvés; **la oficina de turismo** syndicat d'initiative
Oficina de Correos f la Poste
oficio m office
ofrecer offrir; **se ofrece/ofrécese** on offre
oído m oreille
ojo m œil; **¡ojo!** attention!
olla f : **la olla de garbanzos** plat à base de pois chiches, de lard et de chou; **la olla podrida** sorte de ragoût épicé
olvidar oublier
ómnibus m bus; omnibus
operador(a) m/f standardiste
Oporto m porto

oportunidad f : **oportunidades** occasions
óptica f optique
orden f ordre; **por orden de la dirección** sur ordre de la direction
orfebrería f orfèvrerie
oriental oriental
orilla f rive
oro m or
orquesta f orchestre
ostra f huître
otoño m automne
otro(a) autre

pabellón m : **el pabellón de deportes** centre sportif
padre m père; **los padres** les parents
paella f paella (plat composé de riz, de fruits de mer et de légumes)
pagado(a) payé
pagar payer; **pagar al contado** payer comptant; **pagar la cuenta** payer la note; **pagar en efectivo** payer en liquide
pagaré m billet à ordre

DICTIONNAIRE ESPAGNOL-FRANÇAIS

PAG – PAR

pago *m* paiement; **pago por adelantado** paiement d'avance; **pago(s) al contado** paiement comptant

pague : pague en caja veuillez payer à la caisse; **pague la consumición antes de sentarse** vous devez payer votre consommation avant de vous asseoir

país *m* pays

paisaje *m* **: paisajes pintorescos** paysages pittoresques

pájaro *m* oiseau

palacio *m* palais

palco *m* loge

palmera *f* palmier

palo *m* bâton; mât; **el palo de esquí** bâton de ski; **el palo de golf** club de golf

paloma *f* pigeon

pan *m* pain; miche de pain; **el pan de centeno** pain de seigle; **el pan de higos** pain aux figues; **el pan integral** pain complet; **el pan de molde** pain de mie; **el pan de nueces** pain aux noix; **el pan tostado** pain grillé

panache *m* **: panache de legumbres** légumes variés

panadería *f* boulangerie

pañal *m* couche; **los pañales de usar y tirar** couches jetables

panecillo *m* petit pain

paño *m* torchon; drap

pantalones *mpl* pantalon; **los pantalones cortos** short

panty *m* collant

pañuelo *m* mouchoir; **el pañuelo de papel** mouchoir en papier

papa *f* pomme de terre; **las papas fritas** frites

papel *m* papier

papelera *f* corbeille à papier

papelería *f* papeterie

papilla *f* bouillie

paquete *m* paquet

paquetería *f* petit commerce

par *m* paire

para pour

parada *f* arrêt; **la parada de autobús** arrêt d'autobus; **la parada discrecional** arrêt facultatif; **la parada de taxis** station de taxis

parador *m* **: el parador nacional** hôtel d'État (administré sous licence gouvernementale)

parar s'arrêter

¡pare! arrêtez!

pared *f* mur

pares[1] stationnement autorisé les jours pairs

pares[2] **: pares sueltos** dépareillé

parque *m* parc; **el parque de atracciones** parc d'attractions; **el parque de bomberos** caserne des sapeurs-pompiers; **el parque infantil** parc pour enfants

parquímetro *m* parcmètre

parrilla *f* grill; **a la parrilla** grillé

parrillada *f* grillade; barbecue

parroquia *f* paroisse

particular privé; particulier

partida *f* départ

partido *m* match
partir partir
pasa *f* raisin sec
pasaje *m* passage; billet
pasajero(a) *m/f* passager(ère)
pasaporte *m* passeport;
 el pasaporte familiar passeport familial
pasar : pase sin llamar entrez sans frapper
Pascua *f* Pâques
pase *m* **: los pases de favor** billets de faveur
paseo *m* promenade; avenue;
 el paseo Colón l'avenue Colomb
paso *m* pas; passage; **prohibido el paso a personal no autorizado/a toda persona ajena** passage interdit à toute personne non autorisée; **los pasos de contador** unités *(de téléphone)*; **el paso elevado** passage surélevé; **el paso de ganado** passage de bétail; **el paso inferior** passage inférieur; **el paso a nivel** passage à niveau; **el paso a nivel sin barrera** passage à niveau non gardé; **el paso de peatones** passage pour piétons; **el paso protegido** passage protégé; **el paso subterráneo** passage souterrain
pasta *f* pâtisserie; **las pastas** gâteaux; pâtes; **la pasta dentífrica** pâte dentifrice; **la pasta de dientes** pâte dentifrice
pastel *m* gâteau; **los pasteles** gâteaux; **el pastel de tortilla** gâteau d'omelette
pastelería *f* pâtisserie

pastilla *f* pastille; comprimé;
 la pastilla de jabón savonnette;
 las pastillas para el mareo cachets contre le mal de mer
patata *f* pomme de terre; **las patatas al ajillo** pommes de terre à l'ail; **las patatas en ajo pollo** pommes de terre servies avec une sauce à base d'amandes et de safran; **las patatas bravas** pommes de terre à la sauce piquante; **las patatas fritas** (pommes de terre) frites; **las patatas al gratén con queso** gratin de pommes de terre; **las patatas guisadas** pommes de terre servies avec des côtes de porc; **las patatas a la riojana** pommes de terre à la sauce piquante
patín *m* Pédalo ®; patin
patinaje *m* patinage
pato *m* canard; **el pato a la naranja** canard à l'orange
pavo *m* dinde; **el pavo trufado** dinde farcie aux truffes
peaje *m* péage
peatón *m* piéton; **peatón, en carretera circula por tu izquierda** piétons, marchez à gauche
peces *mpl* poissons
pechuga *f* **: la pechuga de pollo** blanc de poulet
pédalo *m* Pédalo ®
pediatra *m/f* pédiatre
pedir demander
pegamento *m* colle
pegar coller
p. ej. par exemple
peladilla *f* dragée

DICTIONNAIRE ESPAGNOL-FRANÇAIS

PEL – PIC

peletería f magasin de fourrures

película f film

peligro m danger; **peligro – heladas** danger – verglas; **peligro de incendio** danger d'incendie; **peligro de muerte** danger de mort; **peligros diversos** danger

peligroso(a) dangereux; **es peligroso asomarse** ne pas se pencher au-dehors; **no peligroso(a)** sans danger

pelo m cheveux

pelota f balle

peluquería f salon de coiffure; **la peluquería de caballeros** salon de coiffure pour hommes

Penedés m vin blanc de table de bonne qualité

penicilina f pénicilline

pensión f pension; **la pensión completa** pension complète; **la media pensión** demi-pension

pepinillo m cornichon

pepino m concombre

pepitoria f **: a la pepitoria** fricassée avec des oignons, des tomates et des poivrons

pequeño(a) petit

pera f poire

perdiz f perdrix; **la perdiz a la cazadora** perdrix chasseur; **las perdices con chocolate** perdrix au chocolat; **la perdiz estofada** perdrix à l'étouffée; **las perdices escabechadas** perdrix en marinade

perdón m pardon; **¡perdón!** pardon!

perdonar pardonner; **perdonen las molestias** veuillez nous excuser pour le dérangement

perejil m persil

perforar : no perforar ne pas percer

perfumería f parfumerie

periódico m journal

período m période

perla f perle

permanente f permanente

permiso m permis; permission; **el permiso de conducir** permis de conduire; **el permiso de residencia** permis de séjour; **el permiso de trabajo** carte de travail

permitido(a) permis

permitir : no se permite llevar envases a las gradas il est interdit d'apporter des bouteilles dans les gradins

perro m chien; **perros no** interdit aux chiens; **el perro caliente** hot-dog

personal m personnel

pesado(a) lourd

pesca f pêche

pescadería f poissonnerie

pescadilla f merlan

pescado m poisson

peso m poids

pesquero m bâteau de pêche

pestiños mpl sorte de beignets enrobés de miel

pez m poisson; **el pez espada** espadon

picadillo m hachis de bœuf

picado(a) piqué; haché

picadura f morsure; piqûre; tabac
picante piquant; relevé; épicé
picatostes mpl rôties
pidan : no pidan descuento on ne fait pas de remise
pie m pied
piel f peau; fourrure; **la piel de carnero** peau de mouton
pierna f jambe; **la pierna de cordero** gigot d'agneau
pieza f partie; **la pieza de repuesto** pièce de rechange
pijama m pyjama
pila f pile
píldora f pilule
piloto m pilote; capitaine
pimentón m piment rouge moulu; poivron
pimienta f poivre; **a la pimienta** au poivre
pimiento m poivron; **el pimiento morrón** poivron rouge; **los pimientos rellenos** poivrons farcis; **el pimiento verde/rojo** poivron vert/rouge
piña f ananas; **la piña en almíbar** ananas (au sirop) en boîte; **la piña natural** ananas frais
pinacoteca f pinacothèque
pincho m : **el pincho morruno** brochette
piñones mpl pignons
pintura f peinture
piononos mpl petits biscuits roulés et fourrés à la crème
pipirrana f ≈ salade niçoise
piragua f canot

Pirineos mpl Pyrénées
pisar marcher sur; **no pisar el césped** il est interdit de marcher sur la pelouse
piscina f piscine; **la piscina cubierta** piscine couverte; **la piscina para niños** bassin pour enfants
piso m étage; appartement; **piso deslizante** chaussée glissante; **el primer piso** premier étage
pista f piste; **la pista de esquí** piste de ski; **la pista de patinaje** patinoire; **la pista de tenis** court de tennis
pisto m ≈ ratatouille; **el pisto manchego** ratatouille servie avec du jambon et des œufs brouillés
plancha f fer à repasser; **a la plancha** au gril
plano m plan
plano-guía m : **plano-guía de la ciudad** plan de la ville
planta f plante; étage; **la planta baja** rez-de-chaussée; **la planta sótano** sous-sol
plástico m plastique
plata f argent; **plata de ley** argent fin
plátano m banane
platea f parterre
platería f orfèvrerie
plato m plat; **el plato del día** plat du jour
playa f plage; **la playa naturista** plage naturiste

DICTIONNAIRE
ESPAGNOL-FRANÇAIS

PLA – PRE

plaza f place; **plazas libres** places libres; **plazas limitadas** places en nombre limité; **la plaza del mercado** la place du marché; **la plaza de toros** les arènes

plazo m période; laps de temps

poco(a) peu; **un poco** un peu; **un poco de** un peu de

pocos(as) peu

podólogo m podologue

policía f police

polideportivo m salle omnisports

póliza f police *(d'assurance)*; **la póliza de seguros** la police d'assurance

pollería f marchand de volailles

pollo m poulet; **el pollo al ajillo** poulet frit à l'ail; **el pollo asado** poulet rôti; **el pollo a l'ast** poulet à la broche; **el pollo a la buena mujer** poulet façon bonne femme; **el pollo a la catalana** poulet à la catalane (avec des moules et des crevettes); **el pollo al chilindrón** poulet basquaise; **el pollo estofado** poulet cuit à l'étouffée; **el pollo a la pepitoria** poulet en fricassée

polvo m poudre; **el polvo de talco** talc

pomada f pommade

pomelo m pamplemousse

ponche m punch

poner mettre; **se ponen tapas** on répare les talons

popa f poupe

por pour; par

porcelana f porcelaine

por favor s'il vous plaît

porrón m cruche à long bec

porrusalda f soupe à la morue, aux poireaux et aux pommes de terre

portaequipajes m porte-bagages; galerie

portería f loge

portero m concierge; portier

portugués(esa) portugais

posada f auberge; petit hôtel

posología f posologie

postal postal; **la (tarjeta) postal** carte postale

posterior postérieur

postre m dessert; **el postre de músico** assortiment de noix et de raisins secs

potable potable

potaje m potage aux légumes secs; **el potaje de garbanzos** potages aux pois chiches; **el potaje de habichuelas** potage aux haricots; **el potaje de lentejas** potage aux lentilles

pote gallego m ragoût galicien (au porc et aux pommes de terre)

precaución f précaution; **precaución, obras** attention, travaux

precio m prix; **el precio del cubierto** prix du couvert; **el precio de entrada** prix d'entrée; **el precio del viaje** prix du voyage

precipicio m précipice

preciso(a) précis; nécessaire

preferentemente de préférence

preferir préférer

prefijo *m* indicatif; **el prefijo de acceso a internacional** indicatif international
preguntar demander
prenda *f* gage; bijou
prensa *f* presse; **hay prensa extranjera** presse étrangère en vente
presa *f* barrage; prise
presentar présenter
presentarse se présenter
preservativo *m* préservatif
presión *f* pression; **la presión de los neumáticos** pression des pneus
prevención *f* prévention
primavera *f* printemps
primer, primero(a) premier; **los primeros auxilios** les premiers secours
principiante *m/f* débutant
prioridad *f* : **prioridad a la derecha** priorité à droite; **prioridad de paso** priorité
prismáticos *mpl* jumelles
privado(a) privé
probadores *mpl* cabines d'essayage
probar essayer; goûter
procedencia *f* provenance; **procedencia Madrid** en provenance de Madrid
procedente de venant de
productos *mpl* produits
profesión *f* profession
prohibición *f* interdiction
prohibido(a) défendu; interdit; **prohibida la entrada** entrée interdite; **prohibido acampar** défense de camper; **prohibido aparcar/detenerse** stationnement interdit; **prohibido bañarse** baignade interdite; **prohibido bañarse sin gorro** baignade interdite sans bonnet de bain; **prohibido cruzar las vías** il est interdit de traverser les voies; **prohibido estacionarse** stationnement interdit; **prohibido escupir en el suelo** défense de cracher; **prohibido fumar** défense de fumer; **prohibido hacer fuego** défense d'allumer des feux; **prohibido hacer uso de las alarmas sin causa justificada** ne faire fonctionner l'alarme qu'en cas d'urgence; **prohibido el paso** passage interdit; **prohibidos los juegos de pelota** il est interdit de jouer au ballon; **prohibido tocar el claxon** défense de klaxonner; **prohibido verter basuras/escombros** décharge interdite
prohibir interdire; **se prohibe fumar** défense de fumer
pronóstico *m* pronostic; prévision; **el pronóstico del tiempo** prévisions météorologiques
pronto bientôt
propiedad *f* propriété; **propiedad privada** propriété privée
propietario(a) *m/f* propriétaire
propina *f* pourboire
propio(a) propre
protección *f* protection; couverture *(assurance)*
provincia *f* province
provisional provisoire

próximamente : **próximamente en esta sala/en este cine** prochainement dans cette salle

próximo(a) prochain; **próximo estreno** prochain spectacle

público(a) publique; **para todos los públicos** pour tous

puchero *m* ≈ pot-au-feu

pudín *m* pudding

pueblo village

puente *m* pont; **el puente de peaje** pont à péage

puerro *m* poireau

puerta *f* porte; **por favor, cierren la puerta** fermez la porte, s'il vous plaît; **la puerta de embarque** porte d'embarquement

puerto *m* port; col *(de montagne)*; **el puerto deportivo** port de plaisance

puesto *m* poste; **el puesto de socorro** poste de secours

pulpo *m* poulpe; **el pulpo a la gallega** poulpe aux poivrons et au paprika

pulsar pousser; appuyer sur; **no pulse el botón más que por indicación de la operadora** ne pas appuyer sur le bouton sans instruction de l'opératrice

puntas de espárragos *fpl* pointes d'asperges

puntualidad *f* **: se ruega puntualidad** soyez ponctuel, s'il vous plaît

puré *m* purée; **el puré de patatas** purée de pommes de terre; **el puré de verduras** purée de légumes

puro *m* cigare

puro(a) pur; **pura lana virgen** pure laine vierge

que que; **qué** quoi; lequel; **¿qué tal?** comment ça va ?

quemadura *f* brûlure; **la quemadura del sol** coup de soleil

queroseno *m* kérosène

quesería *f* crémerie

queso *m* fromage; **el queso de bola** fromage de Hollande; **el queso de Burgos** fromage crémeux; **el queso de cabra** fromage de chèvre; **el queso de Cabrales** (fromage) bleu; **el queso fresco** fromage frais; **el queso manchego** fromage de brebis; **el queso con membrillo** fromage blanc avec de la gelée de coing servi comme dessert; **el queso de nata** fromage crémeux; **el queso de oveja** fromage de brebis; **el queso del país** fromage de pays; **el queso de roncal** fromage de brebis fumé

quien qui; **¿quién?** qui?

quilate m carat
quincallería f quincaillerie
quiosco m kiosque; **el quiosco de periódicos** kiosque à journaux
quisquilla f vétille; crevette
quitaesmalte m dissolvant à ongles
quitamanchas m détachant
quitar quitter

rábano m radis
rabo m : **rabo de buey** queue de bœuf
ración f portion; **las raciones** casse-croûte
radiografía f radiographie
ragout m ragoût; **el ragout de cordero** ragoût de mouton
rape m baudroie; **el rape a la malagueña** baudroie cuite avec des tomates, des oignons et des amandes
rápido m rapide; talon-minute
rápido(a) rapide; vite
raqueta f raquette
rastro m marché aux puces
ratero m pickpocket
ravioles mpl ravioli

razón f raison
rebaja f réduction; **rebajas** soldes
rebozado(a) enrobé
recambio m rechange; recharge
recepción f réception
receta f ordonnance; **con receta médica** sur ordonnance (seulement)
recibo m reçu
recién récent; **recién pintado** peinture fraîche
reclamación f réclamation; plainte; **reclamaciones en el acto** aucune réclamation ultérieure ne sera admise; **la reclamación de equipajes** livraison des bagages
reclamar réclamer
recoger prendre; **recoja aquí su tíquet** prenez votre billet ici
recogida f ramassage
recomendado(a) : **no recomendada a menores de 13 años** déconseillé aux moins de 13 ans
recordar se rappeler
recorrido m parcours; **de largo recorrido** longue distance; **el recorrido turístico** parcours touristique
recuerdo m souvenir
recuperable récupérable
red f filet; **Red Nacional de los Ferrocarriles Españoles (RENFE)** Chemins de fer espagnols
redondo(a) rond
reducción f réduction
reducido(a) réduit; limité

reembolso m remboursement; **contra reembolso** contre remboursement
refresco m rafraîchissement
refrigerado(a) climatisé
refugio m refuge
regalo m cadeau
régimen m régime
región f région
registro m registre
regla f règle
regreso m retour
rehogado(a) revenu à l'huile à feu doux
Reino Unido m Royaume-Uni
rellenar remplir; farcir; **rellene este cupón** remplissez ce formulaire
relleno(a) farci
relojería f horlogerie; bijouterie
remitente m expéditeur
remolacha f betterave (rouge)
remolque m remorque
RENFE voir **red**
reparación f réparation; **reparación del calzado** réparation de chaussures; **reparación de neumáticos** réparation de pneus
reparto m : **reparto a domicilio** livraison à domicile
repollo m chou pommé; **el repollo con manzanas** chou bouilli et cuit avec des pommes; **el repollo al natural** chou bouilli
repostería f pâtisserie
requesón m fromage blanc
resbaladizo(a) glissant

reserva f réservation
reservado(a) réservé
reservar réserver; **se reserva el derecho de admisión** la direction se réserve le droit d'interdire l'entrée
resfriado m rhume
residencia f résidence; hôtel
respetar : **respetar la precedencia** respecter l'ordre d'arrivée
responder répondre; **no se responde de robos** la direction ne répond pas des vols
responsabilidad f responsabilité
restaurante m restaurant
resto m reste; **los restos** les restes; **restos de serie** fins de série
retales mpl fins de série
retornable consigné
retrasar retarder
retraso m retard; **sin retraso** à l'heure
retrete m toilettes
revelado m développement
revisar réviser; contrôler
revisión f révision; contrôle
revisor m contrôleur
revista f revue; **la revista de variedades** revue de variétés
Ribeiro m vin jeune de la région d'Orense
rifa f tombola; loterie
rímel m mascara
riñón m rein; rognon;

los riñones al jerez rognons au xérès; **los riñones salteados** rognons sautés

río m rivière

Rioja m très bon vin rouge de table

robo m vol

rodaballo m turbot

rodaja f rondelle

rojo(a) rouge

romana f : **a la romana** en beignet

románico(a) roman

romería f pèlerinage

ron m rhum

ropa f vêtements; **la ropa de deporte** vêtements de sport; **la ropa interior** sous-vêtements

rosado m rosé

rosbif m rosbif

rosca f beignet en couronne

rosquilla f beignet en couronne

rueda f roue; **la rueda de repuesto/recambio** roue de secours

ruega : **se ruega no fumar** ne pas fumer, s'il vous plaît; **se ruega paguen en el acto** payez immédiatement, s'il vous plaît; **se ruega puntualidad** veuillez être ponctuel; **se ruega silencio** silence, s'il vous plaît; **se ruega no tocar** ne pas toucher, s'il vous plaît

ruido m bruit

ruinas fpl ruines

ruleta f roulette

rumbo m direction; **con rumbo a** en direction de

ruta f route; **la ruta turística** route touristique

SA voir **sociedad**

sábado m samedi

sábana f drap

sacar sortir

sacarina f saccharine

saco m sac; **el saco de dormir** sac de couchage

sagrado(a) sacré

sal f sel; **sin sal** sans sel

sala f hall; salle; **la sala de baile** salle de bal; **la sala de embarque** salle d'embarquement; **la sala de espera** salle d'attente; **la sala de fiestas** salle des fêtes; **la sala de televisión** salle de télévision

salado(a) salé

salchicha f saucisse

salchichón m ≈ saucisson sec

saldo m : **saldos** soldes

salida f sortie; départ; prise;

DICTIONNAIRE ESPAGNOL-FRANÇAIS

SAL – SEM

salida de camiones sortie de camions; **salida de emergencia** sortie de secours; **salida nacional** vols nationaux – départ; **salida de vehículos** sortie de véhicules; **salidas vuelos regulares** vols réguliers – départ

salir sortir; aller dehors

salmón *m* saumon

salmonete *m* rouget

salón *m* salon; **el salón de belleza** institut de beauté; **el salón de juegos** salle de jeux; **el salón de peluquería** salon de coiffure; **el salón de té** salon de thé

salpicón *m* **: el salpicón de mariscos** cocktail de fruits de mer

salsa *f* sauce; assaisonnement; **la salsa bearnesa** sauce béarnaise; **la salsa bechamel** sauce béchamel; **la salsa blanca** sauce blanche; **la salsa tártara** sauce tartare; **la salsa de tomate** sauce tomate; **la salsa verde** sauce verte; **la salsa vinagreta** vinaigrette

salteado(a) sauté

salud *f* santé; ¡salud! à votre santé!

salvavidas *m* bouée ou canot de sauvetage; **el chaleco salvavidas** gilet de sauvetage

sanatorio *m* clinique; maison de repos

sandía *f* pastèque

sanfaina *f* aubergines sautées avec des poivrons et des oignons

sangría *f* sangria

San Sadurní de Noya *m* vin blanc mousseux

sardina *f* sardine; **la sardina arenque** pilchard; **las sardinas a la marinera** sardines marinières; **las sardinas en pimientilla** sardines aux poivrons; **las sardinas rebozadas** sardines en beignets

sastrería *f* tailleur

sazón *f* **: en sazón** à point

secado *m* **: secado a mano** Brushing ®

secador de pelo *m* sèche-cheveux

secar sécher; **secar por centrifugado** essorer

sección *f* rayon

seco(a) sec; séché *(fruits)*

sector sanitario *m* service de santé

seda *f* soie

seguido(a) : todo seguido tout droit

seguir continuer; suivre

según selon

segundo(a) second; **de segunda mano** d'occasion

seguridad *f* sécurité

seguro *m* assurance; **el seguro del coche** assurance automobile; **el seguro contra tercera persona** assurance au tiers; **el seguro a todo riesgo** assurance tous risques

seguro(a) sûr

seis six

sello *m* timbre

semáforo *m* feu

semana *f* semaine; **Semana Santa** Semaine sainte; Pâques

semanal hebdomadaire

semilla *f* graine

señal f signe; signal; **la señal de comunicando** tonalité occupée; **la señal de socorro** signal de détresse; **la señal de tráfico** panneau de signalisation

señalar signaler

señor m monsieur; **Señor (Sr.)** M.; Monsieur

señora f dame; **Señora (Sra.)** Mme; Madame; **Señoras** Dames

señorita f Mademoiselle; **Señorita (Srta.) Martín** Mademoiselle Martin

septentrional septentrional

septiembre m septembre

ser être

servicio m service; **los servicios** toilettes; **servicio discrecional** service spécial; **servicio incluido** service compris; **el servicio de autobuses** service d'autobus; **el servicio automático** (téléphone) automatique; **el servicio doméstico** domestiques; **el servicio de entrega** service de livraison; **el servicio de extranjero** service de l'immigration; **el servicio de grúa** service de grue; **el servicio de habitaciones** service d'étage; **el servicio de lavandería** service de blanchisserie; **el servicio manual** appels par le téléphoniste; **el servicio oficial** service officiel; **el servicio de reparto** service de distribution; **los servicios de urgencia** services d'urgence

servir servir; **se sirven comidas** on sert des repas

sesada f cervelle

sesión f séance; **la sesión continua** cinéma permanent; **la sesión matinal** matinée; **la sesión de noche** séance de nuit; **la sesión numerada** séance avec réservation; **la sesión de tarde** soirée; **la sesión vermut** séance de l'après-midi (matinée)

sesos mpl cervelle; **los sesos a la mallorquina** cervelle cuite avec du vinaigre et des œufs; **los sesos a la romana** cervelle en beignet

seta f champignon

si si

sí oui

sidra f cidre

siempre toujours

siento : lo siento je suis désolé

sierra f chaîne de montagne

siete sept

siga suivez; **siga adelante** continuez; **siga derecho** continuez tout droit; **siga las instrucciones al dorso** suivez les instructions au verso

sigue : sigue U(ste)d. en zona de obras vous êtes toujours dans une zone de travaux

siguiente suivant; prochain

silencio m silence; **¡silencio!** silence!

silla f chaise; **la silla de ruedas** chaise roulante

sin sans

sinagoga f synagogue

sintético(a) synthétique

síntoma m symptôme

DICTIONNAIRE
ESPAGNOL-FRANÇAIS

SÍR – SUE

sírvase : **sírvase frío** servir froid; **sírvase a temperatura ambiente** servir chambré; **sírvase Ud. mismo** servez-vous

sistema m système; **el sistema de refrigeración** système de réfrigération

sitio m place; endroit; position

situación f situation

slip m slip

smoking m smoking

sobre[1] sur

sobre[2] m enveloppe; **el sobre de té** sachet de thé

sobrecarga f surcharge

sociedad f société; **Sociedad Anónima (SA)** Société Anonyme, SA

socio m membre; partenaire; **no socios** non membres

socorrista m secouriste

socorro : ¡socorro! au secours!

soja f soja

sol m soleil

solamente seulement

solar solaire

solicitar demander

sólo seulement

solo(a) seul

solomillo m aloyau; **el solomillo a la broche** aloyau à la broche; **el solomillo de cerdo al jerez** filet de porc au xérès; **el solomillo de jabugo** aloyau de porc; **el solomillo mechado** rôti de bœuf lardé au four

soltero(a) célibataire

sombra f ombre; **la sombra de ojos** fard à paupières

sombrilla f ombrelle; parasol

somnífero m somnifère

sopa f soupe; **la sopa de ajo** soupe à l'ail; **la sopa de cebolla** soupe à l'oignon; **la sopa de cebolla gratinada** soupe à l'oignon gratinée; **la sopa al cuarto de hora** soupe de poisson; **la sopa de fideos** soupe de poulet aux vermicelles; **la sopa de pescado** soupe de poisson; **la sopa de picadillo** soupe de poulet et de jambon aux vermicelles; **la sopa sevillana** soupe de poissons à la crème et aux olives; **la sopa de verduras** soupe de légumes

sorbete m sorbet

Sr. voir **señor**

Sra. voir **señora**

Srta. voir **señorita**

starter m starter

súbdito m ressortissant; **súbdito francés** ressortissant français

submarinismo m plongée sous-marine

subterráneo(a) souterrain

subtítulo m sous-titre

sucursal f succursale

suela f semelle

suelo m sol; plancher

suelto(a) : (el dinero) suelto petite monnaie

suerte f chance; ¡buena suerte! bonne chance!

sujetador m soutien-gorge
sumergible imperméable
supercarburante m super
superficie f surface; superficie
superior supérieur
supermercado m supermarché
supositorio m suppositoire
sur m sud
surf m surf
surtido(a) assorti
surtidor de gasolina m pompe à essence

tabaco m tabac; **tabacos** bureau de tabac; **el tabaco negro** tabac brun; **el tabaco de pipa** tabac à pipe; **el tabaco rubio** tabac blond
taberna f brasserie
tabla f planche; **la tabla de quesos** plateau de fromages; **la tabla de surf** planche de surf
tablao flamenco m cabaret andalou où l'on chante et l'on danse le flamenco
tablón m panneau; **el tablón de anuncios** tableau d'affichage
tajo redondo m rosbif bien cuit

talco m talc
TALGO m train rapide
talla f taille; **tallas sueltas** tailles dépareillées
tallarines mpl nouilles
taller m atelier; **el taller mecánico** garage; **taller de reparaciones** garage
talón m talon; souche; **el talón bancario** chèque; **el talón de equipajes** ticket pour les bagages
también aussi
tampoco non plus
tampones mpl tampons
tapa f : **las tapas** amuse-gueule; **se ponen tapas** on répare les talons
taquilla f guichet; comptoir
tarde[1] tard
tarde[2] f après-midi; soir; **de la tarde** de l'après-midi
tarifa f tarif; **la tarifa de cambio** taux de change; **las tarifas postales** tarifs postaux
tarjeta f carte; **la tarjeta del banco** carte bancaire; **la tarjeta de crédito** carte de crédit; **la tarjeta de embarque** carte d'embarquement; **la tarjeta postal** carte postale; **la tarjeta verde** carte verte
tarrina f : **la tarrina de la casa** terrine maison
tarta f tarte; **la tarta de almendras** tarte aux amandes; **la tarta helada** tarte glacée; **la tarta de manzana** tarte aux pommes; **la tarta de nueces** tarte aux noix; **la tarta de queso** tarte au fromage

tasca *f* bistrot; restaurant bon marché

taxista *m* chauffeur de taxi

taza *f* tasse; **la taza de picadillo** bouillon de poulet à la viande et au jambon; **la taza de té** tasse de thé

te te

té *m* thé; **el té con limón** thé au citron

teatro *m* théâtre

tejidos *mpl* tissus

telebanco *m* distributeur automatique (de billets)

teleférico *m* téléphérique

telefonear téléphoner

Telefónica *f* Compagnie du téléphone (en Espagne)

telefonista *m/f* téléphoniste; standardiste

teléfono *m* téléphone; **este teléfono no devuelve cambio** ce téléphone ne rend pas la monnaie

telesilla *m* télésiège

televisión *f* télévision; **Televisión Española (TVE)** télévision nationale espagnole

televisor *m* téléviseur

temperatura *f* **: la temperatura ambiente** température ambiante

templo *m* temple

temporada *f* saison; **fuera de temporada** basse saison; **la temporada alta** haute saison; **la temporada de veraneo** la saison d'été

temprano(a) tôt

tendido *m* gradins

tener avoir

tenis *m* tennis

tercer, tercero(a) troisième

terminal *f* aérogare; terminus; **la terminal internacional** aérogare internationale; **la terminal nacional** aérogare nationale

término *m* terme; fin; **el término municipal de Sevilla** territoire communal de Séville

termómetro *m* thermomètre

ternera *f* veau; **la ternera fiambre** pâté de veau; **la ternera al jugo** veau cuit au vin blanc; **la ternera a la provenzal** veau à la provençale; **la ternera simple** tranche de veau

texto *m* **: el texto del telegrama** le texte du télégramme

ti toi

tiempo *m* temps

tienda *f* magasin; boutique; **la tienda de campaña** tente; **la tienda de deportes** magasin de sports; **la tienda libre de impuestos** boutique hors taxes; **la tienda de repuestos** magasin de pièces de rechange

tila *f* tilleul

timbre *m* sonnette; timbre fiscal; **el timbre de alarma** sonnette d'alarme

tinto(a) rouge

tintorería *f* teinturerie; pressing

tipo *m* sorte; **el tipo de cambio** taux de change

tique (*ou* **tíquet**) *m* ticket

tirad tirez

tirador *m* poignée

tirar jeter; tirer; **para tirar** à jeter; **tire** tirez

tiritas *fpl* pansements adhésifs

toalla *f* serviette de toilette

toallitas *fpl* **: las toallitas limpiadoras para bebés** serviettes pour bébés

tocador *m* cabinet de toilette

tocar toucher; **tocar el claxon** klaxonner

tocinito *m* **: los tocinitos con nata** sorte de crème caramel avec de la crème fouettée

tocino *m* lard; **el tocino del cielo** sorte de crème caramel épaisse

todo(a) tout(e); **todo incluido** tout compris; **todo el mundo** tout le monde

tomar prendre

tomate *m* tomate

tónica *f* tonic

tono *m* ton; **el tono de marcar** tonalité

toquen : no toquen ne pas toucher

torcedura *f* entorse

torero *m* torero

toro *m* taureau

torre *f* tour

torrijas *fpl* pain perdu

torta *f* gâteau

tortilla *f* omelette; **la tortilla francesa** omelette nature; **la tortilla a la española** omelette aux pommes de terre et aux oignons; **la tortilla de legumbres** omelette aux légumes; **la tortilla a la paisana** omelette avec de la saucisse et des légumes; **la tortilla de patatas** omelette aux pommes de terre; **la tortilla al ron** omelette au rhum; **la tortilla Sacromonte** omelette à la cervelle panée avec des pommes de terre et des poivrons; **la tortilla soufflé** omelette en soufflé

tos *f* toux

tostada *f* tartine

total total; **en total** en tout

tournedós *m* tournedos; **tournedós Rossini** tournedos au foie gras et aux truffes, cuit dans du xérès

traducción *f* traduction

tráfico *m* circulation

trago *m* verre

traiga : traiga su cambio preparado veuillez préparer votre monnaie

traje *m* costume; tenue; **el traje de baño** maillot de bain; **el traje de esquí** tenue de ski; **el traje de etiqueta** tenue de soirée; **el traje de noche** robe du soir

trampolín *m* plongeoir; tremplin

tranquilizante *m* tranquillisant

transatlántico *m* transatlantique

transbordador *m* ferry

transbordo *m* changement

transferencia *f* virement

tránsito *m* circulation; **en tránsito** en transit

transporte *m* transport; **transportes** compagnie de transports

tranvía *m* tramway; micheline

tras après; derrière

DICTIONNAIRE ESPAGNOL-FRANÇAIS

TRA – UVI

tratamiento m traitement

tratar traiter; **tratar/trátese con cuidado** à manipuler avec précaution, fragile

travesía f traversée; **Travesía Libertad** Avenue 'Libertad'

tren m train; **el tren directo** (train) direct; **el tren de largo recorrido** (train) rapide; **el tren de mercancías** train de marchandises; **el tren ómnibus** omnibus

tres trois

tribuna f tribune

trineo m luge; traîneau

tripulación f équipage

trucha f truite; **las truchas a la molinera** truite meunière; **la trucha a la navarra** truite au four avec du jambon

trufa f truffe

tú tu; toi

túnel m tunnel; **túneles a 2 km** tunnel à 2 kilomètres

turismo m tourisme; conduite intérieure

turista m/f touriste

turístico(a) touristique

turno m tour; **por turno** à tour de rôle

turrón m touron, sorte de nougat à base d'amandes (ou autres fruits, secs ou confits) et de miel

TVE voir **televisión**

Ud(s) voir **Usted**

último(a) dernier

ultramarinos m épicerie

un(a) un(e)

uña f ongle

ungüento m pommade

unidad f unité; **Unidad de Vigilancia Intensiva (UVI)** unité de soins intensifs

universidad f université

unos(as) quelques-un(e)s

urbanización f ensemble urbain

urbano(a) urbain

urgencias fpl service des urgences; **urgencias infantil** service des urgences pédiatriques

urgente urgent

urinarios mpl toilettes

usar utiliser; **use las papeleras** prière d'utiliser les corbeilles à papier

uso m usage; utilisation; **uso externo/tópico** usage externe

usted(es) vous

utilizar utiliser; **utilice monedas de… pesetas** utiliser des pièces de… pesetas

uva f raisin

UVI voir **unidad**

VAC – VER

DICTIONNAIRE ESPAGNOL-FRANÇAIS

vacaciones *fpl* vacances
vaciar vider
vado *m* : **vado permanente** stationnement interdit
vagón *m* wagon; **el vagón de fumadores** wagon fumeurs
vagón-restaurante *m* wagon-restaurant
vainilla *f* vanille
Valdepeñas *m* vin léger rouge ou blanc
vale *m* bon; reçu
valer : **¡vale!** c'est bon!; d'accord!
válido(a) : **válido hasta...** valable jusqu'à...
valija *f* valise
valla *f* clôture
valle *m* vallée
valor *m* valeur
vapor *m* : **al vapor** à la vapeur
vaporizador *m* vaporisateur
vaqueros *mpl* jeans
variante *f* déviation
varios(as) plusieurs
vasco(a) basque
vaso *m* verre
vatio *m* watt
Vd(s) *voir* **usted(es)**
véase : **véase al dorso** voir au dos
veces *fpl* fois; **¿cuántas veces?** combien de fois?
vegetariano(a) végétarien
vehículo *m* véhicule; **vehículo en carga** véhicule en charge
vela *f* voile; cierge
velero *m* voilier

velocidad *f* vitesse; **velocidad controlada por radar** vitesse contrôlée par radar; **velocidad limitada** limitation de vitesse
vencimiento *m* date d'expiration
venda *f* bande
vender : **se vende/véndese** à vendre
veneno *m* poison
venenoso(a) vénéneux
venir venir
venta *f* vente; auberge de campagne; **en venta** en vente; **venta anticipada de localidades** billets en vente à l'avance; **venta de billetes** guichet pour la vente des billets; **venta de localidades con 5 días de antelación** billets en vente 5 jours avant la représentation; **venta al por mayor** vente en gros; **venta al por menor/al detalle** vente au détail; **venta de parcelas** parcelles à vendre; **venta de pisos** appartements à vendre; **venta de sellos** vente de timbres
ventana *f* fenêtre; guichet
ventanilla *f* fenêtre
ver voir; observer
veraneante *m/f* estivant
verano *m* été
verbena *f* kermesse
verdadero(a) vrai; véritable
verde vert
verduras *fpl* légumes; **las verduras estofadas** légumes à l'étouffée
vermut *m* vermouth

DICTIONNAIRE ESPAGNOL-FRANÇAIS

versión *f* : **la versión íntegra** version intégrale; **la versión original con subtítulos** version originale sous-titrée

vestíbulo *m* vestibule

vestido *m* robe

veterinario *m* vétérinaire

vez *f* fois

vía *f* voie; chemin; quai; **por vía oral/bucal** par voie orale/buccale; **la vía de acceso** voie d'accès

viajar voyager

viaje *m* voyage; excursion; **el viaje organizado** voyage organisé

viajero *m* voyageur

vida *f* vie

vieira *f* coquille Saint-Jacques

viejo(a) vieux

viento *m* vent; **viento lateral** vent latéral

viernes *m* vendredi; **viernes santo** Vendredi saint

vigilante *m* surveillant

vigilar : **vigile la cartera** attention aux pickpockets

vinagre *m* vinaigre

vinagreta *f* vinaigrette

vino *m* vin; **el vino blanco** vin blanc; **el vino de la casa** cuvée du patron; **el vino clarete** rosé; **el vino dulce** vin doux; **el vino espumoso** mousseux; **el vino de mesa** vin de table; **el vino del país** vin de pays; **el vino negro** vin rouge; **el vino rosado** rosé; **el vino seco** vin sec; **el vino tinto** vin rouge; **el vino verde** vin jeune

visado *m* visa

visita *f* visite; **la visita con guía** visite guidée

visitar visiter; **visite piso piloto** visitez l'appartement témoin

visor *m* viseur

vista *f* vue; **vista panorámica** vue panoramique

volar voler

voltaje *m* voltage

voltio *m* volt

vosotros(as) vous

vuelo *m* vol; **el vuelo nocturno** vol de nuit; **el vuelo regular** vol régulier

vuelta *f* tour; retour

wáter *m* lavabos; toilettes

YAT – ZUM

DICTIONNAIRE ESPAGNOL-FRANÇAIS

yate *m* yacht; **el yate de motor** yacht

yema *f* jaune (d'œuf); dessert aux jaunes d'œufs; **las yemas de coco** ≈ gâteaux à la noix de coco

yo je; moi

yogur *m* yaourt; **el yogur natural** yaourt nature

zanahoria *f* carotte

zancudo *m* moustique

zapatería *f* magasin de chaussures

zapatero *m* fabriquant de chaussures; cordonnier; cordonnerie

zapatilla *f* espadrille; pantoufle; **la zapatilla de tenis** baskets

zapato *m* chaussure

zarzuela[1] *f* opérette

zarzuela[2] *f* : **la zarzuela de mariscos** plat de fruits de mer; **la zarzuela de pescado** poisson servi avec une sauce relevée; **la zarzuela de pescado a la levantina** poissons et fruits de mer au paprika et au safran

zona *f* zone; **la zona azul/de estacionamiento limitado y vigilado** ≈ zone bleue; **la zona recreativa** aire de jeux; **la zona reservada para peatones** zone piétonne; **la zona restringida** zone interdite

zumo *m* jus

NOTES

NOTES

NOTES

NOTES

NOTES

NOTES

NOTES